Millonario de 7 Minutos

Un plan diario para cambiar
su mentalidad y volverse millonario

Tony Neumeyer

TALLER DEL ÉXITO

Millonario
de 7 Minutos

Millonario de 7 minutos

Publicado por:

Taller del Éxito, Inc
1669 N.W. 144 Terrace, Suite 210
Sunrise, Florida 33323
Estados Unidos
Tel: (954) 846-9494
www.tallerdelexito.com

Editorial dedicada a la difusión de libros y audiolibros de desarrollo personal, crecimiento personal, liderazgo y motivación.

ISBN 13: 978-1-60738-408-3

Printed in the United States of America
Impreso en Estados Unidos

18 19 20 21 22   R|UH 06   05   04   03   02

A mi madre, por ayudarme a programar mi mente con la idea fija de que podía ser exitoso en todo lo que me propusiera; por brindarnos, tanto a mis hermanos como a mí, un hogar maravilloso a pesar de tantas circunstancias difíciles.

A mi esposa, Michelle, por animarme a escribir mis ideas y compartirlas con el mundo.

A mi hijo Justin y a mi hija Kristi; espero haber infundido en ellos el deseo de ser todo lo que ellos quieran ser y la certeza para lograrlo.

A mi hermano Keith, por introducirme al mundo de los negocios y enseñarme a reconocer las maravillosas oportunidades que se presentan por el camino.

A mi hermano David por su capacidad para ser siempre él mismo.

CONTENIDO

"El mayor peligro que existe para la mayoría de nosotros consiste, no en tener metas muy altas y no poder cumplirlas, sino en que sean muy bajas y esforzarnos escasamente para alcanzarlas".

Miguel Ángel

RECONOCIMIENTOS

Me gustaría agradecerle a John Aarons por su amistad, por su constante asesoría y dirección en los múltiples escritos en los que me ha dado su punto de vista a lo largo de todos estos años. También quisiera agradecerle a la escritora Gina Woolsey por sus interesantes puntos de vista en cuanto a la publicación de este libro, y por encaminarme en la dirección correcta para escribirlo. Deseo que sea de gran utilidad para todos mis lectores y para quienes elijan implementar todas las estrategias aquí propuestas. Le agradezco a Trena White, de Page Strategies, su consejería en todo lo relacionado con hacer esta publicación; por los contactos que me dio y por mostrarme cómo funciona esta industria.

PREFACIO

Desde hace tiempo venía pensando en escribir este libro, pero me daba cuenta de que debería hacerlo únicamente si en realidad les aportaba algo a los demás. Estuve madurando esta idea durante algún tiempo para lograr enfocarme en encontrar la mejor manera de ayudarle a la gente —y cuando digo ayudar, no me estoy refiriendo a brindar una ayuda vaga que quizá sirva para mejorar ciertos resultados. ¡No! Me refiero a mostrarle al lector cómo alcanzar metas concretas mediante unas propuestas confiables y comprobadas que le sirvan para hacer realidad todos sus propósitos y sueños.

Cuando tenía 10 años ya le había dicho a mi madre que sería millonario. Nuestra familia no tenía dinero en aquel tiempo; de hecho, mi mamá estaba pasando por serias dificultades económicas. Me tuvo cuando apenas tenía 16 años de edad y cuando cumplí cuatro años ella y mi padre se separaron y quedamos a la deriva —mis dos hermanos, mi madre y yo. Es obvio que ella tuvo que afrontar grandes dificultades; todos las afrontamos puesto que mi padre no estaba sosteniéndonos ni ayudándonos; pero, para ser justo, debo agregar que él también era muy joven. En medio de tal situación hubo un momento en el cual mi madre llegó a sentir que lo mejor sería que nosotros fuéramos educados por alguien que sí tuviera los recursos necesarios para criarnos y decidió llevarnos a un hogar de crianza. Cada uno de nosotros tres fuimos asignados a un lugar distinto, pero mi madre no pudo soportarlo y unos días después fue a recogernos para comenzar una nueva jornada juntos. Recuerdo que un Día de Acción de Gracias cenamos en una de las casas del Salvation Army. Y aunque tuve la oportunidad de ir a un campamento de verano, fue solo porque mi madre tuvo la valentía de hablar con la gente de YMCA y aplicó para que le dieran un subsidio completo para todos nosotros. Bueno, ir a un campamento no pareciera ser una dificultad, pero mi madre lo hizo para que tuviéramos esa experiencia en medio de aquel ambiente (por cierto, bastante básico) y para mantenernos alejados de chicos que no eran un buen ejemplo para nosotros. No referiré todos los detalles, pero sí diré que ese es el mejor de mis recuerdos ya que pasamos por muchas dificultades; el hecho es que nos las arreglamos para ayudarnos unos a otros, como hacen las familias. Sin embargo, llegó el momento en que, a pesar de su precaria situación, mi madre se convirtió en una mujer muy exitosa en la industria de la finca raíz; con el paso del tiempo, también yo tuve mucho éxito en ese campo.

Ella siempre nos dijo que nosotros podíamos ser importantes, lograr todo lo que nos propusiéramos en la vida y hacer realidad todos nuestros sueños. Fue gracias a su constante optimismo, a sus consejos y a su forma de guiarnos durante nuestros primeros años que creímos en todo lo que ella nos decía, lo cual no implica que no enfrentáramos fracasos a lo largo del camino, decir eso sería irreal. Mi madre nos dio a mis hermanos y a mí el "espacio" para fracasar, pero siempre nos animó y nos recordó que era solo cuestión de "volver a ensillar el caballo" e intentarlo hasta triunfar habiendo aprendido la lección.

He enfrentado muchos fracasos. Cuando tenía 21 años ya había progresado en el mundo de las ventas en finca raíz y poco después ya sabía desenvolverme por completo, y hasta tuve mi propia agencia de bienes raíces. Un año más tarde este mercado colapsó y me quedé con propiedades que no pude vender y terminé con deudas por encima de $1.5 millones de dólares aun después de haberlo vendido todo y quedarme sin la manera de cubrir todas mis deudas.

Estoy seguro de que usted comprenderá que esa fue una época muy dura para mí. Vivía estresado y preocupado la mayoría del tiempo. Mucha gente dice que el dinero no es importante y que hay cosas que tienen mayor prioridad, pero déjeme decirle que, cuando usted está quebrado, no tiene ningún ingreso y además debe más de $1.5 millones de dólares… de repente el dinero *adquiere* una gran importancia. No era simple cuestión de buscar la manera de llevar comida a la mesa; también estaban los banqueros, la hipoteca de la empresa y los proveedores, todos haciéndome sentir cuán importante es el dinero. Ellos querían su dinero ¡y lo querían para ya! Recibía tantas citaciones de las cortes que llegué a conocer al alguacil por su nombre.

¿Cómo me había ocurrido todo aquello? Cuando los tiempos fueron buenos, compré tres propiedades sin tener que dar cuota inicial. Cuando el mercado colapsó, yo estaba en el proceso de vender el lote de un edificio, construyendo una casa en un área muy lujosa de Vancouver y renovando otra. Había sido el momento justo para aprovechar la oportunidad –o por lo menos, eso fue lo que pensé– y, aunque no tenía ninguna experiencia en construcción, me había convertido en constructor y estaba haciendo trabajos en diferentes partes. Estaba lleno de deudas: tenía tres hipotecas y líneas de crédito basadas en esas propiedades; y cuando por fin se vendieron, ya había tocado fondo –como dije antes, con deudas de más de $1.5 millones de dólares. Terminé declarándome en bancarrota, tanto personal como corporativa.

Para mí era claro que tenía que hacer algo que me ayudara a recuperarme. La idea de deber dinero no estaba contemplada en mi radar y me costaba mucha dificultad aceptarla. Durante su juventud, mi madre fue vendedora en una agencia recolectora de crédito. Ella había infundido en nosotros desde muy temprana edad la responsabilidad de pagar siempre a tiempo nuestras cuentas y de mantenernos alejados de las deudas. Supongo que a muchos de ustedes también les enseñaron lo mismo, así que sabrán entender que esa fue una época muy traumática de mi vida. Es muy probable que muchos de ustedes también hayan experimentado la falta de dinero y están buscando la manera de construir un futuro mejor y más prometedor.

El efecto que tuvo la bancarrota sobre mi vida fue convertirme en una persona más decidida y fuerte –que triunfaría, costara lo que costara. Fue así como desarrollé un sistema que también le ayudará a usted. Es tan sencillo que cualquiera que se proponga emplearlo, logrará todo lo que desee. No es difícil mejorar su camino, ni cambiar de dirección para encaminarse hacia donde quiere. ¡Ni siquiera es demorado! De hecho, puede lograrlo en cuestión de semanas. A medida que fui implementando esta estrategia en mi mente, decidí que había llegado el momento adecuado para transmitirles este conocimiento a otras personas para que ellas también pudieran disfrutar de un mejor futuro.

A medida que usted lee estas páginas, espero que comience a disfrutar del hecho de darse cuenta de que usted también tiene la capacidad para controlar casi todo lo que suceda en su vida. ¡El futuro es suyo!

"La motivación te ayuda a comenzar.
El hábito te mantiene en marcha".

Jim Rohn

INTRODUCCIÓN

Durante esta lectura usted encontrará descripciones detalladas de los principios que he utilizado de manera personal para alcanzar el éxito. He ganado millones de dólares vendiendo finca raíz, invirtiendo, especulando y construyendo un negocio. ¡Por lo tanto creo que sé de lo que estoy hablando! Opino desde mi experiencia personal y voy a compartir con usted información que de verdad funciona. Le explicaré lo que he hecho para llegar hasta donde me en-encuentro y le compartiré principios que pueda utilizar para hacer todo aquello que tanto anhela.

No le estoy hablando de mi éxito para impresionarlo, sino para imprimir en usted la importancia de todos estos principios. La idea de que usted es capaz de lograr todo lo que se propone es casi mágica… Todos hemos soñado en algún momento con una vida estupenda, ¿cierto? En mi caso, mi sueño se convirtió en realidad, por eso quiero mostrarle cómo hacer para que los suyos también se cumplan. Estoy ciento por ciento confiado en que, cuando usted implemente estos principios, su nivel de éxito mejorará del mismo modo que el mío.

No solo soy una prueba viviente de la manera en que funcionan, sino que he trabajado con mucha gente que los ha empleado para alcanzar mayores niveles de éxito en muchas áreas. A lo largo de esta lectura usted encontrará "otros" datos empíricos, sicológicos, e incluso prácticas de la Nueva Era que más adelante validarán las técnicas y estrategias a las que me estaré refiriendo. No se preocupe, no me adentraré demasiado por el camino de lo esotérico; ese no soy yo. Sin embargo, he encontrado cierta evidencia de calidad sobre cómo funciona este proceso y por eso creo que vale la pena presentárselo.

El tema de este libro es cómo generar inmensas cantidades de dinero. Sin embargo, tenga en cuenta que esta no es la única clase de riqueza que existe; así que, desde esa perspectiva, no se preocupe. El dinero es una especie de medida, representa éxito y una vida sin preocupaciones. Por esa razón, no hablaré exclusivamente de dinero, aunque todos seamos conscientes de la libertad y comodidad que este produce.

Estoy seguro de que hay otros aspectos de su vida sobre los cuales usted quiere hacer cambios, y las técnicas que propongo a lo largo de esta lectura también le ayudarán en áreas como: sus relaciones interpersonales, su salud, e incluso en cuanto a su bienestar. Cualquiera que sea su meta en la vida, la alcanzará mediante el uso e implementación de mis estrategias.

Todo esto estará correlacionado y no solo será cuestión de dinero. Tenga en cuenta que, cuando usted adquiere una fortuna, también está adquiriendo la capacidad para ayudar a mucha gente. Para algunos, este es un aspecto significativo del éxito. No es solo cuestión de lo que el dinero puede hacer por usted, sino que también se trata de lo que usted puede hacer por los demás.

Seleccioné algunas frases célebres que me encantan, pero mi intención no es simplemente motivarlo de la forma habitual. Este no es un libro que contenga conceptos generales o poco profundos porque estoy convencido de que esa clase de motivación es externa y se desvanece con gran rapidez. Pero, si usted utiliza las técnicas que voy a darle, espero que se sienta inspirado y lleno de valor porque le ayudarán a entrenar su mente, a enfocarse a lograr el éxito que tanto anhela y necesita. Al igual que *The Law of Attraction*, este libro también va más allá de la teoría y le proporciona acciones específicas para generar un Mensaje Programado y Personalizado de siete minutos (MPP).

A lo largo de esta lectura usted encontrará algunas de mis frases célebres favoritas al comienzo de cada capítulo. Están allí con un propósito y no como un simple relleno. A medida que lea cada capítulo observará que cada una de estas frases está relacionada con su contenido, y sobre todo con los ejercicios.

Este método no consiste en trabajar más duro, sino en trabajar de manera más inteligente. El título, *Millonario de 7 minutos*, surge del compromiso de apartar a diario siete minutos de su vida. Dedíquele el tiempo necesario a prospectar el futuro que quiere para usted y para su familia. Siete minutos llenos de mensajes valiosos pueden lograr que su subconsciente trabaje a su favor. Siete minutos llenos de mensajes positivos le ayudarán a alcanzar sus metas y triunfar.

Permítame explicarle: utilizamos a diario la mente consciente para pensar y tomar decisiones; en cambio la mente subconsciente funciona tras bambalinas y se encarga de generar maneras de hacer realidad lo que pensamos con nuestra mente consciente. Además, nos protege de ser heridos o lesionados. Si se detiene y lo piensa, se dará cuenta de que somos bombardeados constantemente con mensajes, ruidos, distracciones y otros elementos a cada instante de cada día. Nuestro subconsciente está siendo programado todos y cada uno de nuestros días mediante mensajes externos y con pensamientos que vienen a nuestra mente mientras estamos despiertos. Sin embargo, no podemos permitirles a todos esos pensamientos y mensajes que marquen nuestro rumbo. La mejor manera de planear el futuro que deseamos es programar nuestro propio ordenador personal, nuestro subconsciente; de esta forma sí llegaremos a donde queramos.

Le será muy útil contar con alguien que también esté utilizando estas mismas técnicas. Alguien con quien pueda trabajar para implementar las ideas aquí expuestas. Antes de comenzar a escribir esta propuesta hice parte de un grupo de mentores que trabajamos con el fin de colaborarnos mutuamente a lo largo de esta jornada. El acto de ayudarnos unos a otros es una herramienta poderosa, aunque no esencial en este proceso. Si ya tiene a alguien que quiera compartir esta experiencia con usted, será maravilloso y le servirá de gran ayuda. Más adelante le daré más detalles con respecto a este proceso de colaboración.

Uno de los aspectos más importantes que yo quiero que tenga en cuenta es el hecho de que usted tiene la capacidad para lograr cualquier meta que se proponga. Usted es el artista de su propia vida, es quien tiene en su mano la brocha con la cual dibujará su propio lienzo. Usted tiene la "llave maestra" de todos sus éxitos futuros. Al utilizar este libro, y entendiendo y trabajando en todos los principios y en las técnicas aquí contenidas, logrará todo lo que se proponga. Yo seré su guía y juntos cumpliremos sus sueños.

Además, estaré hablando acerca de algunas de las leyes universales que gobiernan nuestra vida. Si creemos o no en ellas es cuestión personal; pero, de muchas maneras, nuestra vida es regida por ellas, por eso pienso que es mejor utilizarlas para nuestro propio bien. De distinta especie, pero igualmente relevante, es la Ley de la Atracción, la cual establece que "los iguales se buscan entre sí". Por lo tanto, entre más se rodee de circunstancias y gente positiva, mayor será el positivismo que usted atraiga. A medida en que nos adentremos en algunas de estas leyes usted aprenderá cómo beneficiarse de las fuerzas que existen en el universo y sabrá cómo aplicarlas a su vida.

A lo largo de la lectura le pediré que haga algunos ejercicios y que los tome en serio. Los encontrará al final del libro para que le sirvan para prospectar su futuro. El cambio es una constante inevitable y la pregunta es: "¿Va *usted* a estar a cargo de sus cambios?"

Con eso en mente, empecemos a ver en más detalle qué es todo aquello que necesita aprender. Es así como podrá hacer realidad el futuro que siempre soñó.

"El día de hoy jamás volverá.
No lo malgaste haciendo cosas fallidas, o no haciendo
nada en absoluto".

Og Mandino

UNO

A todas estas ¿quién está a cargo?

Comenzaré contándole algo que a lo mejor es difícil escuchar, y al hacerlo, soy consciente de que estoy corriendo un riesgo: el riesgo de que a lo mejor usted decida no continuar esta lectura, que quiera abandonarla. Si lo hace, se perderá de una infinidad de oportunidades que encontrará a lo largo del camino, así que lo animo a continuar. Una vez que entienda la simplicidad de lo que estoy a punto de decirle, comprenderá lo fácil que es cambiar, no solo su futuro, sino también su vida y su situación financiera. ¿Está listo?

¿Alguna vez ha pensado quién está realmente al mando de su vida? Mejor dicho, ¿quién es su verdadero jefe? No estoy hablando del jefe que tiene en su trabajo o en su casa —allí es muy probable que el jefe sea su cónyuge, o de pronto usted mismo, o sus hijos, o alguien más. Lo cierto es que, en últimas, su propio jefe debe ser usted mismo.

Usted es quien tiene la habilidad de hacer lo que quiera con su vida. Y le diré algo más: de hecho, usted es el producto de todas sus decisiones pasadas y está donde está debido a todas y cada una de esas decisiones. Esto es cierto en todas las áreas y no tan solo en sus finanzas. Usted es lo que es hoy debido a las elecciones y decisiones que hizo en el pasado.

Antes de continuar leyendo haga una pausa de 30 segundos y piense en lo que le estoy diciendo: usted es el producto de todas sus decisiones. Piense en algunas de las decisiones que lo han traído hasta donde está hoy.

Si eso es cierto, entonces piense en lo siguiente: ¿qué puede hacer para cambiar el estado de las cosas a partir de este momento? ¿Para asegurarse de que su futuro sea mejor y más brillante? ¿Qué decisiones necesita tomar para cambiar su futuro? ¡Nos encargaremos de este asunto!

EJERCICIO DEL CAPÍTULO UNO

Antes de poder cambiar su futuro usted necesita hacer un inventario de donde se encuentra en este momento y de lo que está ocurriendo en su vida. Este ejercicio deberá generarle la motivación que necesita para pasar de su situación actual a una nueva realidad. Piense en estas cosas detenidamente y durante un buen rato. Luego, **escriba** las respuestas a las siguientes preguntas.

• Si tuviera una varita mágica que le ayudara a hacer su vida más fácil, ¿qué sería lo primero que se le ocurriría hacer? ¿Qué es lo que mejoraría de manera significativa su calidad de vida? ¿Fue su primer pensamiento: "Una enorme cantidad de dinero"? Por lo general, vinculamos estos dos aspectos en nuestra mente, así que desvinculémoslos un poco. Los siguientes descubrimientos pueden ser un tanto dolorosos, pero necesarios.

- ¿Qué le ayudaría a tener una larga vida? Su salud es de gran importancia para responder esta pregunta; si usted es tan afortunado como para estar saludable en este momento, entonces este aspecto de su vida todavía no es de mayor importancia. Pero imagínese lo que le ocurriría si perdiera su salud; ¿qué pasaría entonces? ¿Podría continuar viviendo en la casa que tiene en este momento? ¿Quién pagaría sus cuentas si usted no pudiera trabajar durante algún tiempo?

- ¿Tiene el suficiente tiempo para compartirlo con su pareja, sus hijos y sus amigos? ¿Qué le permitiría pasar más tiempo con ellos? ¿Qué siente que está perdiendo al no pasar suficiente tiempo con ellos?

- ¿Observa a otras personas a su alrededor y se pregunta por qué sus vidas parecen ser más llevaderas que la suya y van acorde a sus planes? ¿Le parece que los demás siempre obtienen lo que quieren y cuando lo quieren? ¿Siente envidia hacia alguien que parece ir de vacaciones cada vez que quiere y que siempre conduce un carro último modelo?

- Si tuviera la oportunidad de elegir un lugar en el mundo al cual ir de vacaciones, ¿a dónde iría? Puede ser a algún sitio que ya haya visitado antes y que le encantó; también puede ser un lugar al cual siempre ha soñado ir. Si es así, ¿por qué no ha ido todavía?

- ¿Ser "millonario" sería suficiente? ¿Qué significa para usted ser millonario? Más adelante hablaremos de esto con más detalle.

Ahora que usted ha leído todas estas preguntas, siga meditando en ellas y escriba sus respuestas a medida que avanza en la lectura de este capítulo.

Lo más probable es que las respuestas en su mayoría estén relacionadas con su situación financiera, bien sea buena o mala. Entonces ¿qué tendría que hacer en este momento para cambiar su situación? Usted está aquí y se encuentra leyendo este libro, por lo tanto ya debe haber dentro de usted algún deseo de cambio. ¿Qué pasaría si no estuviera presionado para permanecer en su empleo actual? Imagínese cómo sería tener la libertad para elegir si quiere o no trabajar el día de hoy. ¿Qué significaría eso para usted? ¿Qué tanto mejoraría su vida y las de quienes le rodean? ¿Cómo se sentiría al tener la libertad para ir al parque o a una playa cada vez que quiera? ¿Qué tan bien se sentiría frente a la posibilidad de llevar a su pareja a una cena romántica sin preocuparse por cuánto le costaría?

No estoy diciendo que todo va a ser fácil. Lo que le estoy diciendo aquí y justo en este instante es que enfrentará algunos retos y que hay "trabajo" por hacer. Pero ¿qué pasaría si trabajara con mayor inteligencia y no solamente haciendo un gran esfuerzo? ¿No es esa una perspectiva interesante? ¿Qué tal si lograra implementar un sistema que le ayudara a llevar la clase de vida que tanto anhela y que actualmente envidia en los demás?

Ahora, me gustaría que en este momento visualizara cuál sería el panorama dentro de seis meses, un año o cinco a partir de este momento, si usted *no* entrara en acción ni ejecutara los siguientes pasos. Cierre los ojos y piense en esa posibilidad –*siéntala*. Es bastante probable que para entonces todavía estará preocupado por conseguir el dinero para pagar sus cuentas y contando monedas. Estará eligiendo restaurantes que sean *buenos*, por supuesto, pero no *espectaculares*. ¿Estará también manejando el mismo carro, preocupado por el hecho de que necesita llantas nuevas y toda clase de reparaciones? ¿Y qué me dice de las vacaciones escolares de sus hijos? ¿Se quedará en casa con ellos tratando de hacer lo mejor que pueda? ¿Qué clase de regalo de cumpleaños estará en condiciones de darle a su pareja?

Sus resultados variarán dependiendo de lo que usted haga de aquí en adelante. Si todavía sigue leyendo este libro, quizás esté listo para producir cambios en su futuro. Obvio, no sabe cuáles, pero ¿no es eso interesante? Piense en todas estas nuevas oportunidades que se abrirán en su camino cuando por fin se decida a dar el paso para adentrarse hacia un nuevo comienzo. Hasta el momento, usted ha estado estancado por una razón o por otra, ¡pero no más! Ya es hora. *Su* hora para emprender un nuevo viaje.

Sus decisiones actuales y futuras tienen el poder para cambiar su vida entera, desde su situación financiera hasta sus relaciones con su familia y amigos, así como sus relaciones con sus socios, colegas y compañeros de trabajo. Las decisiones que tome hoy y en el futuro cambiarán su vida entera. El hecho de que esté leyendo este libro me dice que algo ha cambiado en usted, que quiere que su futuro sea diferente a su presente y que anhela comenzar a trabajar en él ya mismo.

Su futuro es un proyecto extremadamente emocionante. A medida que vaya completando los pasos que le propongo se dará cuenta de qué tan interesante es lo que le espera. A lo mejor ya antes haya leído otros puntos de vista respecto a este tema, pero mi método le ayudará a entender y a implementar los cambios que necesita hacer. Yo le ayudaré a organizar sus ideas y le brindaré estrategias para que logre entrar en acción y triunfe. Los pasos a seguir son muy sencillos y concretos; sin embargo, pueden parecerles engañosos a quienes no saben cómo utilizarlos de manera efectiva o no comprenden la magia de todo lo que ocurre en el cerebro humano. Esta es una guía paso a paso que lo llevará a donde usted quiere ir y funciona como un mapa de ruta que le muestra cómo llegar a ese destino.

Entienda que no será suficiente con apenas leerlo y estudiar cuál es la mejor manera para triunfar; no es así como funciona. El éxito requiere de acción, no de complacencia. Las ideas y conceptos contenidos en este libro requerirán de acción de su parte ya que sin actuar ningún plan será suficiente, así como tampoco será suficiente con solo estudiar y leer.

Desde la crisis económica ocurrida en el 2008 el mundo es distinto. Todo ha cambiado y lo que usted necesita hacer para lograr avanzar también ha cambiado. Es crucial que se haga cargo de su vida. ¡Nadie más lo hará por usted! No espere que su compañía, ni su sindicato, ni su gobierno se encarguen de su futuro; no será así. Si quiere marcar una verdadera diferencia en su vida y en la de quienes lo rodean, entonces debe estar en control de su situación. Ha llegado el momento de tomar algunas decisiones si en realidad quiere avanzar. Créame, usted puede lograrlo; los seres humanos estamos aquí por muy corto tiempo y la mejor manera de llevar una vida grandiosa es actuando. De todas maneras tendrá que esforzarse, así que ¿por qué no aprovechar las nuevas oportunidades que surjan por el camino? ¿Por qué no ser lo mejor que puede llegar a ser? Sí, es posible lograrlo.

El dinero tiene mayor importancia en su vida que cualquier otro bien en el cual usted pueda pensar. Es importante que lo entienda. Créame, me ocurrió. Quedar en bancarrota fue una experiencia devastadora. Como dije en la introducción, en aquel tiempo yo tenía muy poco dinero e incluso llegó el momento en que me quedé totalmente limpio. El simple hecho de pagar una renta y llevar de comer a mi casa no era tarea fácil, pero lo logré y en determinado momento logré retornar a la cima gracias a la implementación de las técnicas que comparto en este libro. Convertí mi infortunio en fortuna y usted también es capaz de lograrlo estableciendo metas y actuando para conseguirlas. Las metas sin acción son solo sueños. Y no es que no valga la pena soñar —de hecho, es todo lo contrario. Pero nuestros sueños tienen que basarse en acciones para convertirse en realidades.

Todas las manifestaciones físicas comenzaron con un pensamiento o con un sueño. Sin embargo, usted necesita entender que los millonarios no son solamente unos soñadores: son gente que actúa. Ellos conciben grandes ideas o conceptos y después actúan hasta convertirlos en realidad. Sé que suena fácil en el caso de "los demás" y que es demasiado fácil mantenernos en nuestra zona de comodidad sin tener que preocuparnos por continuar la marcha. Si fuera eso lo que en realidad usted quisiera hacer, entonces sería bastante probable que no estuviera interesado en leer este libro; y en tal caso, yo le desearía lo mejor. Pero, si su realidad es que usted no está contento con el estado actual de las cosas, entonces continuará con esta lectura.

Repasemos: usted es el producto de todas sus decisiones y también de todo lo que su mente subconsciente ha creado. El problema es que es muy probable que usted no haya estado dirigiendo de manera consciente lo que su mente subconsciente está elaborando y generando. Más adelante hablaremos mucho más acerca de la mente subconsciente y de cómo funciona, pero lo más importante en este momento es que usted entienda que cuenta con la capacidad para lograr todo lo que quiera sin importar lo que sea. Cada paso que dé debe estar encaminado hacia lo que usted desea para su vida.

Mi consejo a este punto es que se rodee de gente que lo apoye 100%. Involucre solo a aquellos que quieran acompañarlo en esta emocionante jornada. Por ahora, mantenga alejados sus sueños y aspiraciones de personas negativas que obstruyan su camino. Cuando la gente escucha que alguien quiere lograr algo mejor en su vida, muchos entran en conflicto porque no le ven importancia a esa meta ni tienen la menor idea de cómo cumplirla. Lo que *sí* entienden es que muy probablemente se quedarán atrás. Su conflicto interno les genera una manifestación negativa de sus sentimientos hacia usted y podrían llegar a formar alguna especie de bloqueo en su camino. Para esta clase de gente es fácil opinar y hacer comentarios, pero Napoleón Hill dice en *Piense y hágase rico*: "Las opiniones son la materia prima más barata que existe sobre la tierra".

Va a haber gente en su vida que elija quedarse rezagada y tal vez sea porque muchos no están preparados para afrontar la misma clase de retos que usted. Potencialmente, ellos vivirán el día a día y su vida será siempre una continuidad de dificultades. Sin embargo, también ellos podrían cambiar su futuro, pero a lo mejor no están preparados para hacer lo que se necesita para lograrlo –para hacer lo que usted está a punto de hacer. Y es allí donde usted es diferente. Usted ya conoce lo que es el negativismo y por ese mismo hecho quiere pensar y actuar de manera positiva. Y es esa manera de pensar la que lo hará distinto a la multitud. Prepárese para rehacer su vida.

A medida que avancemos y usted comience a entender algunos de los conceptos aquí consignados, se sentirá confrontado por ellos porque es bastante probable que mis ideas y mi forma de hacer las cosas lo hagan reevaluar algunos de sus más preciados conceptos. ¿Qué tan rápido desea alejarse de su situación actual y dirigirse hacia su siguiente nivel de éxito, el de su libertad financiera? Le diré que es posible lograrlo en un periodo relativamente corto: pasos pequeños al comienzo; luego, pasos más grandes; y después, pasos agigantados a medida que descubre el poder que tiene sobre su propia vida. La cuestión es esta: ¿tiene usted en realidad lo que se necesita para lograrlo? ¿Hay en usted un deseo ardiente por alcanzar sus metas y cuenta con un alto nivel de compromiso? ¿Es tan persistente como se necesita?

Albert Einstein dijo: "La información no es conocimiento". Lo digo porque en este caso usted obtendrá cierta información, pero será cuestión suya transformarla en conocimiento útil mediante la acción. Solo así comenzará a internalizar este material hasta que se le convierta en verdadero conocimiento –tan inherente y arraigado que sea capaz de convertir en realidad todo lo que desee.

Todos hemos escuchado el viejo adagio: "Dele un pez a un hombre y comerá un día. Enséñele a pescar y comerá durante toda su vida". Este libro *enseña*. Existe mucha información allá afuera sobre cómo convertirse en un triunfador, pero lo que nosotros estamos haciendo aquí es filtrar toda esa información y enfocarnos en lo más esencial. Y lo que es más importante, estamos poniéndola en práctica a través de ciertos pasos que le ayuden al lector a convertir sus sueños en realidad. Los ejercicios aquí contenidos son esos pasos iniciales; son nueve en total —y usted ya dio el primero. No difícil, pero importante. Cada ejercicio está basado en el anterior y redunda en acciones y en una llave maestra que le ayudará a programarse para obtener el éxito que desea utilizando su Mensaje Personalizado y Programado de siete minutos (MPP). Y cuando lo haga, se dará cuenta de que las tareas requeridas para alcanzar su éxito son placenteras y buscará la manera de disfrutarlas con diario entusiasmo.

A medida que comencemos a avanzar en la lectura es importante que usted no vaya a caer en la trampa de la "parálisis por análisis" recordando que lo realmente crucial es actuar. La única manera de rehacer su vida es actuando.

Es esencial tomarse el tiempo para reunir la información que necesita y transformarla en conocimiento; luego, dedíquese a analizarla, pero lo que producirá verdaderos cambios es la acción —esa es la clave. Usted tiene la oportunidad para cambiar su vida a partir de hoy mismo. A medida que avance en la lectura irá encontrando ocasiones para poner en práctica mis técnicas a través de algunos ejercicios que le demostrarán lo fácil que es implementar esta estrategia. Dichos ejercicios también sacarán a la luz las áreas de su vida que usted necesita cambiar o fortalecer.

Algunas personas, incluyendo gente que decidió leer este libro, no harán los cambios que necesitan para transformar su vida radicalmente y sacarán excusas o se les presentarán "situaciones" que les impidan actuar, y lo único que lograrán es que la vida les pase por encima. Espero que ese no sea su caso pues no quisiera que su vida se le escapara entre sus dedos. No permita que sus amigos se interpongan en su camino hacia lograr sus metas y ser feliz. No deje que la televisión, ni YouTube, ni Facebook lo retrasen de cumplir sus metas. Usted tiene lo que se necesita para alcanzarlas ¡y valen la pena! Existen infinidad de distracciones y es importante que analice cómo está invirtiendo su tiempo cada día para que pueda maximizar su habilidad para realizar todo lo que necesita realizar.

El Banco de Montreal en Canadá realizó una encuesta y el 34% de los encuestados dijo que esperaba tener el dinero suficiente para su retiro ganándose la lotería[1]. Ese porcentaje corresponde a la tercera parte de los participantes en la encuesta –lo cual representa un enorme problema. Ojalá usted no haga parte de ese porcentaje. Sus oportunidades de ganarse la lotería son mínimas. De hecho, estoy seguro de que las estadísticas sobre esta posibilidad son las mismas en todas partes del mundo, así que no cuente con ganarse la lotería para mejorar su futuro.

¿Qué se requiere para que usted tome la decisión de cambiar su vida? Algunos necesitan tocar fondo antes de dar algún paso. Si usted ya tocó fondo, entonces ha llegado el momento de entender que no tiene por qué quedarse allí. Si todavía no ha llegado, entonces ¿por qué dejarse hundir? Hoy en día mucha gente está viva desde el punto de vista físico, pero muerta mentalmente porque no piensa en su futuro y está tan amarrada al diario vivir, e incluso viviendo en el pasado, que no tiene cómo seguir adelante. Ese es un hecho muy triste respecto a nuestra sociedad actual. Pero si esa gente supiera que tiene la habilidad para salirse del hueco en el cual se encuentra, entonces comenzaría a avanzar y a cambiar su vida de tal manera que lograría su libertad. De hecho, utilizando las técnicas propuestas en esta lectura podríamos generar una atmósfera a lo largo y ancho de este país –¡e incluso en el mundo entero!– que fuera extremadamente positiva y motivante para todos.

Este es el momento para hacer algo distinto y comenzar a prepararse para ser exitoso. No se requiere de mucho, ni toma tanto tiempo. Es más: solo se necesitan siete minutos (de allí el título de este libro: *Millonario de 7 minutos*). Ahondaremos más sobre este tema y le daré todos los detalles que necesita para entender cómo siete minutos diarios cambiarán su vida.

Usted puede lograrlo porque ya tiene lo que se necesita para alcanzar todo lo que anhela.

El mundo de hoy cuenta con infinidad de maneras para generar éxito. Piense en todas las empresas que comenzaron en garajes y en cuartos de universidades: Google, Facebook, Twitter y otras más. Demasiadas compañías han comenzado de ceros; hace unos años eran solamente ideas y hoy valen billones de dólares. A lo mejor, esa no sea su área fuerte, ni lo que usted quiere hacer; pero, cualquiera que sea su sueño, usted puede convertirlo en realidad. Ya sea que se trate de ser el mejor agente de finca raíz, un abogado exitoso, el mejor padre, la mejor pareja, las siguientes técnicas le ayudarán a lograrlo. Todo lo que le pido es que dé el siguiente paso. Necesita arriesgarse. Crea en sí mismo y en su deseo de ser exitoso. Lo único que está arriesgando es la posibilidad de mejorar.

¿QUÉ TAN ALTO QUIERE LLEGAR?

Lo siguiente a tener en cuenta es ¿qué nivel de éxito quiere alcanzar? No hay ningún riesgo en el hecho de tomar el control de su vida e implementar en ella mis técnicas a partir de este momento. Si no lo hace, seguirá por el mismo camino y se quedará en un lugar en el que no quiere estar. Recuerde que nadie se hará cargo de usted y que debe lograrlo por sí mismo. Solo usted es responsable de invertir el tiempo haciendo todo lo que necesita para triunfar. ¿Recuerda que le dije que era cuestión de siete minutos? Esos siete minutos marcarán la gran diferencia. Tan solo recuerde y entienda que usted es su propio jefe, el encargado de sí mismo. Su empresa se llama "Usted Inc.". Es cuestión de que aprenda a pensar en sí mismo como si usted fuera un negocio. Si usted fuera un negocio, ¿quién estaría a cargo? ¡Usted! *Usted es el encargado de sí mismo.* Es casi seguro que usted tiene un jefe en su trabajo, pero no es de eso de lo que estamos hablando en este instante. Lo que estamos diciendo es que, cuando se trata de *sus* elecciones, *usted* es su propio jefe.

Uno de los impedimentos más críticos en la gente que está tratando de fijar y cumplir unas metas determinadas es la habilidad de comprometerse con ellas y hacerles seguimiento. Una de las razones más frecuentes por las cuales esto ocurre es que es muy fácil desviarse de ellas. También es muy fácil permanecer en el lugar actual y dejar que el estado de las cosas sea el que le dé forma a su vida. No hay lugar a dudas de que la persistencia es una de las claves fundamentales para alcanzar el éxito. Las técnicas que yo propongo, combinadas con su plan personalizado de siete minutos, mejorarán su habilidad para hacerles seguimiento a sus metas y desarrollar la persistencia que a lo mejor le ha hecho falta anteriormente. Pronto se dará cuenta de que su manera de pensar está cambiando a una gran velocidad con respecto a los métodos que utiliza para triunfar. No solo le será fácil adherirse a todos sus compromisos y metas, sino que además se dará cuenta de que posponer no lo lleva a ninguna parte. Y si usted no sufre de este mal hábito, entonces logrará triunfar todavía más rápido.

También es importante que se mantenga con una mentalidad abierta hacia mis estrategias. Usted debe ser *enseñable* y *dirigible*, y si su personalidad es tipo A, estas características no son innatas en usted. Sin embargo, permítase a sí mismo ser manejable para que pueda alcanzar lo que desea. Entienda lo que significa recibir un poco de dirección. Tenga fe en alguien que ya haya estado en su misma situación y que sin embargo triunfó. Aprenda a utilizar estas técnicas que ya han sido comprobadas; le ayudarán a salir del atolladero en el que a lo mejor se encuentra en este momento. Observe que sigo haciendo alusión a mis técnicas, y que es probable que haya comenzado a sonar un poco esotérico; pero permítame resaltar algo de lo que a lo mejor no se ha dado cuenta todavía: usted ya está utilizando las técnicas de las que le estoy hablando y a lo mejor todavía no ha entendido su importancia, –y hasta es probable que no las esté utilizando a su favor. Tal vez está dejando que lo que lo rodea controle su futuro, pero vamos a cambiar ese hecho de manera bastante significativa.

Es posible que en este momento usted no haya programado su mente subconsciente de tal manera que le permita avanzar. Saber *cómo* programar, manipular o moldear su mente subconsciente le permitirá atraer todo lo que anhela para su vida. Cuando aprenda cómo programarla, entenderá con total claridad que usted es capaz de lograr todos y cada uno de sus propósitos. Las técnicas que le voy a enseñar cambiarán su vida. Yo ya las he utilizado y he ganado millones de dólares.

Algo que necesita entender es que estas técnicas no impedirán que encuentre tropiezos y fracasos a lo largo del camino. De hecho, incluso utilizándolas, yo todavía enfrento situaciones difíciles y dejo perder muy buenas oportunidades. He cometido algunos errores que me han costado enormes cantidades de dinero –en algunos casos, *millones de dólares*– pero no estoy dispuesto a que nada me detenga, sino que me aseguro de aprender de cada situación. Todos necesitamos avanzar; no hay ganancia en mirar atrás. Si solo me lamento frente a algún error, y no utilizo la oportunidad para aprender de él, ni lo aprovecho para hacer mejor las cosas, entonces sí estaría perdiendo. Quienes se lamentan por sus errores a lo mejor no tienen la habilidad para alcanzar lo que buscan. Yo tomo conscientemente la decisión de continuar avanzando, y usted también debería hacer lo mismo porque esa es la única manera de progresar en este mundo. ¡Vivir en el pasado no nos ayuda a quienes no somos historiadores!

Tuve la oportunidad de trabajar en casas de cambio de divisas y sé que cuando uno observa la tabla de valores puede ver a diario movimientos significativos en una o más clases de monedas. Algunos de esos cambios son tan reveladores que, si uno fuera a arriesgar enormes cantidades de dinero, ganaría miles de dólares e incluso cientos de miles o más ¡en tan solo un día! Pero el aspecto negativo acerca del mercado cambiario es que uno no puede predecir el futuro con absoluta certeza; e incluso si va en la dirección correcta, no tiene cómo estar seguro sobre cuál será el momento adecuado para hacer algún movimiento que genere una buena ganancia. El hecho es que, cuando usted se da cuenta de las oportunidades que perdió, esos son momentos de la vida que jamás volverán. A eso se debe que haya muy poca o ninguna ganancia en el hecho de detenerse a pensar en lo que *pudo haber sido y no fue.*

Esta no es una lección acerca de las múltiples facetas del mundo del cambio de divisas, pero el punto es que, si me enfocaba en las oportunidades perdidas y no en las actuales y en las futuras, no hubiera podido negociar exitosamente y habría perdido todo mi dinero y mi tiempo enfocándome en hechos cumplidos. Es importante aprender del pasado, pero es aún más importante mirar al futuro. Es fundamental que usted decida en este momento lo que va a hacer. Siga adelante; yo le ayudo.

No se puede actuar sin tener en cuenta diversos aspectos y usted debe tomar la decisión consciente de continuar su camino y de que trabajaremos juntos a lo largo de estas páginas. Mentalícese para lograr un mejor futuro, el futuro que tanto desea.

No se preocupe por la manera en que vamos a lograrlo. Este es el momento para tomar la decisión de marcar una diferencia en su vida y seguir adelante. El viejo dicho de que "no tiene sentido continuar haciendo lo que ya ha venido haciendo y esperar resultados distintos" se le atribuye a Benjamín Franklin, a Albert Einstein y a otros, y es un principio muy conocido. Es hora de hacer cambios. A medida que avance por estas páginas, no solo busque motivaciones externas. Quiero que se inspire, que encuentre algo que alumbre su interior, porque, cuando esa luz se encienda dentro de usted, cuando se sienta inspirado, entonces se volverá un soñador imparable. ¡Y ese será usted al final de esta lectura! ¡Eso es precisamente lo que me propongo lograr!

"Cuando usted haga aquello que más tema, después logrará hacer cualquier otro cosa".

Stephen Richards

DOS

En serio, ¿qué es lo que quiere lograr?

¿**D**e verdad quiere ser rico? Mejor dicho, ¿lo que más anhela es ser millonario, y hasta billonario? Estas son preguntas importantes y no las hago a la ligera. Mucha gente no tiene conciencia de lo que en realidad se puede hacer con semejante cantidad de dinero; muchos hasta temen tenerlo. Antes de entrar en materia, en este capítulo nos ocuparemos de algunos asuntos básicos y un tanto aburridores –ya usted sabe, actividades como pagar las cuentas y llevar comida a la mesa. Sin embargo, no hay que subestimar la importancia de estas tareas ya que ellas representan los primeros pasos que hay que dar en todo este proceso. Y aunque nos anclan y parecieran no dejarnos enfocar en nuestro futuro, tienen un lugar relevante al establecer los cimientos sobre los cuales fundamentaremos nuestro éxito.

Antes que nada quiero que se pregunte qué significa para usted tener éxito. ¿Lo ha pensado alguna vez y le ha dado la importancia al hecho de tener una idea clara de éxito? ¿Recuerda el ejercicio del Capítulo Uno? Porque, cuando yo le pregunto "¿qué significa para usted el éxito?", también le estoy preguntando "¿qué tanto dinero quiere tener?" La cantidad de dinero que anhele tener determina el tipo de acciones que esté dispuesto a ejecutar. Sí, hablaremos de otros temas distintos al dinero, pero téngame un poco de paciencia mientras nos enfocamos en este aspecto tan importante de su vida.

Cuando estaba afrontando mi bancarrota contaba con tan poco dinero que escasamente podía sostenerme; el dinero era lo único en lo que lograba enfocarme. Lo que aprendí frente a esta experiencia es que, *donde usted se encuentra hoy no tiene por qué ser lo que usted es en realidad*. Y aunque usted sea una muy buena persona con grandes intenciones, a lo mejor no tiene dinero. Sin embargo, el dinero no define lo que usted es como persona. Usted tiene la habilidad de alcanzar grandes metas y simplemente no ha logrado cumplirlas *todavía*. Y aquí es donde entro yo.

Existe una sinergia maravillosa cuando usted pasa de desear algo a actuar para convertirlo en realidad enfocándose y comprometiéndose a lograrlo. Alcanzar una meta genera una gran dicha y mucha diversión. Lo que usted puede lograr es sorprendente, pero también es importante reconocer que para esos propósitos es crucial comenzar por hacer cambios fraccionados. Si usted comienza por hacer pequeñas alteraciones en su vida, terminará por marcar una gran diferencia. Podríamos estar hablando de miles, de cientos de miles de dólares e incluso de millones –todo por comenzar por hacer cambios menores en cuanto a su manera de vivir.

¿Es cierto que la suerte o la oportunidad juegan un papel importante en su futuro? Michael J. Bank manifestó lo siguiente acerca del mercado de valores cuando habló con Tim Bowel en *Business Daily*, el programa de la BBC: "En la actualidad, la suerte se ha vuelto más importante en el cumplimiento de las metas que lo que fue durante una o dos generaciones anteriores. Cuando vemos malos resultados, tendemos a asociarlos con la falta de habilidades"[2]. Sin embargo, resaltó la importancia de reconocer que tanto la habilidad como la suerte hacen parte del mundo de los negocios y las inversiones de hoy. Es curioso, e igualmente cierto, que entre más duro trabajo, mayor es mi suerte.

Mientras que un juego como la ruleta es cuestión de pura suerte, otros, como el ajedrez, están basados en sus habilidades, pero el resultado está relacionado con las acciones de otras personas. Un juego como el póquer requiere de una combinación de suerte y habilidades. Usted ve a la misma gente sentada a la mesa durante el juego final, después de muchas partidas, y sin importar de qué manera los demás jugadores sigan las reglas y hagan sus jugadas, todo se reduce a las manos que ellos reciban y a cómo jueguen con respecto a sus compañeros de mesa. ¿Ha confiado usted hasta el momento en su suerte? ¿En sus habilidades? ¿En una combinación de las dos? "Saber dónde uno se encuentra a cada momento le permite pensar de manera más efectiva", expresó Maubousin durante una entrevista en la BBC. Existen dos escalas distintas que le ayudan a diferenciar entre: habilidades relativas, "mío *versus* suyo", y qué tan bueno es usted en realidad. A medida que usted avance en esta lectura se irá dando cuenta de que en realidad existe muy poca competencia de calidad como para preocuparse.

Para avanzar por la vida usted necesita tener un balance entre riesgo y recompensa, y entender que, sin arriesgar, la opción de tener recompensa será muy poca –o de un valor limitado. Con esto no le estoy diciendo que arriesgue su casa o su carro, sino que entienda que usted necesita arriesgar algo con tal de obtener grandes recompensas. Podría ser una inversión de tiempo y no solamente de dinero, aunque el dinero es importante. Y en términos generales, comenzar cualquier negocio requiere de dinero, incluso si se trata de unos pocos cientos de dólares.

Durante las dos pasadas décadas ha habido un crecimiento explosivo de información de fácil acceso que ha generado un debilitamiento en el rango de nuestras habilidades (una diferencia entre lo excelente y lo promedio). ¿Y cómo va usted a convertirse en el mejor y no simplemente en una persona promedio? Ser alguien promedio ya no es suficiente para alcanzar todo lo que usted desea lograr en la vida.

El Profesor Richard Wiseman de Hertfordshire University en el Reino Unido afirma: "Es cuestión de enfrentar la incertidumbre"[3]. Warren Buffet comentó alguna vez que el riesgo "procede de no saber lo que uno está haciendo". Pero, si usted sigue mi programa de siete minutos, no solo sabrá *qué* está haciendo, sino que también planeará *cuándo* quiere hacerlo. La mitad del entusiasmo de una jornada está en su planeación y en saber anticipar que está a punto de utilizar el programa propuesto en este libro para ayudarle a planear su futuro y a actuar para lograrlo –y que ¡esta será una de las mejores jornadas de su vida! Existe una parte dentro de su cerebro a la cual los neurocientíficos le llaman el intérprete; este tiende a asociar un buen resultado con una buena habilidad. Y cuando usted comience a identificar sus fortalezas, sabrá sacarles aún más provecho. Sin embargo, antes de comenzar necesita echarle un vistazo a cómo están las cosas aquí y ahora. ¿Sabe usted cuál es su valor neto? Es importante que lo sepa.

EJERCICIO DEL CAPÍTULO DOS

Usted ya hizo la primera parte de este ejercicio en el Capítulo Uno cuando le pedí que hiciera la lista de cosas que forman parte de su idea de "un futuro mejor y más brillante".

- Expanda esas ideas escribiendo todo lo que anhela comprar o hacer con el dinero que va a ganar. Tiene que ser una lista específica, cosa por cosa de lo que definitivamente quisiera comprar o hacer como parte de ese futuro mejor. Piense en qué restaurantes elegiría, en el precio de los vinos que le gustaría tomar, en las costosas tiendas que ha evitado hasta el momento, pero a las que le gustaría ir de compras. Incluya incluso las cosas más simples que una persona adinerada casi ni se da cuenta que tiene.

- Al mismo tiempo, necesitamos tener un cuadro real de dónde está usted hoy. Si no sabe dónde se encuentra en este momento, le será muy difícil apreciar su progreso.

- Calcule su valor neto siendo bien específico. Asegúrese de listar todos sus bienes y todo aquello que posee. Luego calcule qué precio tendría todo eso en términos monetarios si fuera a venderlo hoy. ¿Cuánto cree que le darían?

- Ahora écheles un vistazo a sus deudas. ¿Cuánto debe? ¿Debe dinero de su carro? ¿De su vivienda? ¿En tarjetas de crédito? Anote todas esas deudas incluyendo el dinero que les deba a sus amigos y a su familia, y luego sume para saber el valor total de sus deudas.

- Ahora reste sus deudas de sus bienes. Espero que el saldo sea positivo –entre mayor sea, ¡mejor será! Ese es su valor neto. Si su cifra es negativa, está bien, esa es su realidad por ahora, pero tendrá que enfrentarla.

Ahora ya va camino hacia este futuro mejor y más prometedor sobre el cual estaba pensando en el Capítulo Uno. Por supuesto que, si no está listo todavía para cambiar, o todavía tiene algo de miedo frente al cambio, lo invito a releer lo que escribió acerca de cómo sería su vida dentro de seis meses si continúa viviendo como hasta ahora. Usted ya ha comenzado el trabajo preliminar que necesita hacer antes de que pueda comenzar a utilizar las técnicas que estamos a punto de aprender e implementar. Establecer esta base es importante así que tómela con seriedad.

Comprendo que el ejercicio en el que le pido que se expanda y sea específico en su lista previa de cosas que le gustaría hacer y comprar es más divertido que el ejercicio de determinar su valor neto, pero los dos son importantes. Su valor neto es lo que usted seguirá recibiendo desde ahora y hasta el momento de su retiro, asumiendo que usted pida retirarse en algún momento. Mientras mayor sea su valor, mayor será su posibilidad de disfrutar de su retiro. Idealmente, el retiro debería ser una época muy especial de su vida; una que represente un nuevo comienzo y no un final.

Es muy triste el hecho de que mucha gente necesita reducir su estilo de vida para poder retirarse. De hecho, muchos consejeros financieros esperan que sus clientes así lo hagan. Yo no logro entender esta forma de pensar. Personalmente, opino todo lo contrario: me encantaría *incrementar* mi estilo de vida cuando me retire. Quiero disfrutarla aún más de lo que lo hago ahora, viajando más, disfrutando más del mundo y de mi propio país. Sé que todo esto cuesta dinero, y que, si no tengo el valor neto para poder hacer todas esas cosas cuando llegue el momento de retirarme, entonces estaré en problemas. Por eso es tan importante identificar en dónde nos encontramos en la actualidad y dónde queremos estar financieramente en el futuro. Una vez que usted calcule cuál es su valor neto estará en capacidad de saber qué le gustaría hacer con su dinero. Por ejemplo, ¿ha soñado siempre con retirarse hacia un lugar con clima templado y un estilo de vida tranquilo? Ahora es el momento de comenzar a hacer planes para asegurarse de que sus sueños podrán convertirse en realidad.

Soñar despierto es un pasatiempo placentero, eso es cierto. Sin embargo, la realidad puede llegar a ser más emocionante y satisfactoria, sobre todo cuando usted sabe que ha triunfado. Todos sus sueños son posibles cuando usted sueña despierto con "su propósito específico", diseñado e implementado a través de su Mensaje Personalizado y Programado de siete minutos (al cual nos referiremos de aquí en adelante como MPP). El poder de su MPP se hará cada vez más notorio a lo largo de esta lectura, −y es la clave para alcanzar sus sueños.

EL TIEMPO ES DINERO

Volvamos a enfocarnos en tener dinero y en lo que eso significa para usted. Pero antes de hacerlo, permítame hacerle una pregunta: ¿está preparado para cambiar la forma en que utiliza su tiempo? ¿Está dispuesto a dejar de mirar televisión, o por lo menos, no tanta? ¿Está listo a dejar de leer los correos inútiles que recibe a diario? Tenga en cuenta que perder el tiempo es: dedicarse a hacer cosas improductivas que absorben los minutos, horas, etc., que debería utilizar haciendo algo de más valor.

Con mucha frecuencia me deshago de correos que no necesito revisar. A veces son interesantes e informativos, pero tengo que deshacerme de ellos porque sé que mi tiempo es demasiado valioso. *Su tiempo también es muy, pero muy valioso.* Con frecuencia son correos bastante buenos, –o divertidos o entretenidos– pero no tengo tiempo para ellos en el momento. Si usted quiere, podría separar los divertidos en una carpeta aparte. Luego, cuando esté descansando, podrá divertirse con ellos. Es cuestión de no dejarse interrumpir cuando está trabajando y tratando de avanzar en sus asuntos. Ese es el tiempo que usted se encuentra "en acción", ocupado en lograr una vida mejor para sí mismo. Interrumpir ese tiempo es una manera de disminuir su progreso y retrasarse en lo primordial. Y usted no quiere un futuro que se parezca a su pasado, ¿no es cierto?

Desde ahora, usted debe invertir más tiempo *haciendo* que *observando*. Actuando y no reaccionando. Tome control de las actividades que requieren una reacción y determine si se trata de una reacción que le hará *perder el tiempo* o de una acción *productiva*.

NO TENGA MIEDO

¿Alguna vez ha pensado en los grandes retos que afronta la gente cuando está tratando de cambiar su vida, tomando decisiones o avanzando hacia sus metas? Para la mayoría, el mayor reto a enfrentar es el temor. Piense en esta palabra (FEAR – temor en inglés) como el acrónimo de Falsa Evidencia que Aparenta ser Real. La gente también se preocupa –hasta el punto de inmovilizarse– por lo que pueda pasar. En ese aspecto, el temor es muy parecido a la preocupación. Algunos le temen al fracaso mientras que otros le temen al éxito.

Existen muchos factores desconocidos con respecto al éxito a los cuales es posible que usted les tema. Por ejemplo, ¿qué ocurriría si su fortuna cambiara la dinámica entre usted y sus amistades? Sus viejos amigos a lo mejor no podrían costear lo que usted quiere hacer y entonces usted se daría cuenta de que ellos ya no querrían pasar más tiempo en su compañía. Estos son temores reales, pero no quiero que se preocupe. Siempre es posible hacer nuevos amigos a lo largo del camino, otras personas que también compartan sus puntos de vista; además, si así lo quisiera, también podría conservar sus viejas amistades. A medida en que su vida cambia para bien usted se irá dando cuenta de que la clase de gente con la que se relaciona en ese momento también cambiará. ¡Pero entonces usted ya estará relacionándose con gente que también sea exitosa!

Volviendo al tema del dinero, ¿cuánto le costaría obtener todo lo que escribió en su lista? ¿Qué va a hacer con todo eso? ¿Cuánto necesita realmente? Piense en sus necesidades y en sus deseos. Se dará cuenta que son dos cosas distintas. La cuestión entonces es preguntarse ¿en realidad cuánto desea tener? Porque las "necesidades" por lo general se suplen con una suma no muy alta. Pero los deseos, ¡eso es distinto! Y de allí es de donde surge una mayor inspiración. Vuelva a mirar su lista y se dará cuenta de que está llena de casi todo y de cualquier cosa que usted pensó que sería agradable tener en el futuro.

Mucha gente incluirá en sus listas de compras cosas como carros costosos. A lo mejor usted se imagina a sí mismo manejando un Ferrari o un Lamborghini. O tal vez lo que quiere es tener un bote. O es posible que haya escrito cosas como ordenar un vino muy costoso en un restaurante o construir una cava para poder mantener muy buenos vinos en casa. De pronto le gustaría comerse un buen bistec una vez por semana y no una vez por mes; también existe la posibilidad de que le gustaría contratar un chef especializado en comida vegetariana que venga y le haga una buena cena, con una variedad de platos que usted jamás haya probado.

Piense en esa casa que le gustaría tener. ¿Qué tan grande sería? ¿Se quedaría en el vecindario en el que está en este momento? ¿Sería una casa inteligente? ¿Tendría un lugar especializado en medios? A lo mejor le gustaría construir una casa ecológica que cueste una enorme cantidad de dinero. Más adelante hablaremos sobre el hecho de tener fotos reales de estos autos y "cosas" que quiere para su vida, y de lo que va a hacer con todas ellas.

Mi preferencia son los buenos vinos. Sé muy poco a ese respecto, no lo suficiente, pero siempre estoy aprendiendo más sobre ellos. Me encanta tomar un buen vino y me aseguro de mantenerlos de la manera adecuada, a la temperatura y humedad exactas. A lo mejor a usted no le interesen tanto los vinos, sino los deportes; pero en todo caso, de lo que estoy hablando es de todas las cosas materiales que se pueden comprar con dinero. Hablaremos un poco más acerca de otros aspectos de su vida dentro de un rato, pero es importante que mantenga actualizada su lista de deseos a medida que vengan nuevas cosas a su mente. Mientras avanzamos en este proceso a lo largo del libro, con los diversos temas que vayamos tocando, le surgirán nuevas ideas y se sentirá inspirado a ir agregando más cosas a su lista de deseos.

Las estrategias propuestas a lo largo de esta lectura le ayudarán a alcanzar sus metas y sueños más rápidamente, si usted las utiliza, que si no las tiene en cuenta. Pero este no es un experimento a corto plazo. Quiero asegurarme de que usted sea rico durante un largo tiempo. Solo recuerde que, si algo le parece demasiado bueno para ser verdad, por lo general es así.

Lo que usted desea es sostenibilidad y longevidad. A lo mejor ha intentado, al igual que yo, una salida rápida en momentos de desesperación, pero usted sabe que eso no funciona, y si así no fuera, no estaría leyendo este libro. Si usted es joven, de pronto entre los 20 y 30 años de edad, y está leyendo este libro por primera vez, y todos estos conceptos son nuevos para usted, entonces tiene suerte puesto que esta es una gran oportunidad para aprender a amasar una gran fortuna. En *The Richest Man in Babylon*, George Samuel Clason afirma: "Páguese a usted mismo primero. Páguese el 10% de todo lo que gane. Es muy importante que no gaste todo lo que gana. De hecho, es crucial que aprenda a ahorrar. Al pagarse a usted mismo primero, se volverá rico automáticamente".

EL PRINCIPIO DEL CENTAVO

Ahora permítame mostrarle algo. Voy a hacerle dos ofertas virtuales. La primera es que le daré un centavo ahora mismo y luego doblaré la cantidad de lo que voy a darle; después, volveré a darle el doble de lo que le di la segunda vez; y doblaré la cantidad día a día durante una mes entero. Mi segunda oferta es darle $1 millón de dólares ya mismo.

¿Cuál oferta aceptaría? Si usted fuera la persona que dijera: "Tomaré el millón de dólares", se sorprendería al observar que, si comenzara a recibir un centavo hoy, al final del mes tendría $10.737.418,00 en lugar del millón de dólares que eligió. Ese es el poder de potencializar.

Observe el siguiente cuadro:

Tabla 1. Resultados de exponenciar 1 centavo durante 30 días

Día 1	$0,01	Día 2	$0,02
Día 3	$0,04	Day 4	$0,08
Día 5	$0,16	Day 6	$0,32
Día 7	$0.64	Day 8	$1,28
Día 9	$2,56	Day 10	$5,12
Día 11	$10,24	Day 12	$20,48
Día 13	$40,96	Day 14	$81,92
Día 15	$163,84	Day 16	$327,68
Día 17	$655,36	Day 18	$1.310,72
Día 19	$2.621,44	Day 20	$5.242,88
Día 21	$10.485,76	Day 22	$20.971,52
Día 23	$41.943,04	Day 24	$83.886,08
Día 25	$167.772,16	Day 26	$335.544,32
Día 27	$671.088,64	Day 28	$1.342.177,28
Día 29	$2.684.354,56	Day 30	$5.368.709,12
Día 31		$10.737.418,24	

En el día 14, usted tendrá solo $81,92. En el día 20, tendrá $5.200. Incluso en el día 25, tendrá $167.000. Pero el poder de exponenciar se ve reflejado hacia el día 29. Para el día 30 usted tendrá $5.368.709,12. Arquímedes, el gran matemático griego dijo en una ocasión: "Denme una buena palanca, un lugar donde instalarla, y moveré el mundo".

EL PODER DEL INTERÉS COMPUESTO

Habrá escuchado decir que, si usted comenzara a ahorrar entre sus 20 y 30 años, podría llegar a su edad de retiro siendo un millonario. Esto es absolutamente cierto aunque no hay necesidad de tener esa edad para lograrlo. Observe las siguientes tablas que nos muestran cómo funciona el interés compuesto, que es similar al Principio del Centavo en cuanto a que su poder no se observa de inmediato.

La primera tabla es simple. Muestra el efecto que las diferentes alzas ejercerán sobre la inversión inicial. Aunque es posible que usted no tenga $10.000 dólares para invertir en este momento, ese no es el propósito de esta tabla. Más bien observe cómo un retorno compuesto puede magnificar exponencialmente el resultado final. Observe la diferencia después de 25 años al 5% vs. 10% vs. 20%. Luego observe que, cuando usted agrega cinco años más de interés compuesto, la diferencia es abismal.

Tabla 2. El efecto de las distintas tasas de interés en una inversión inicial de $10.000 dólares

# de años	5%	6%	10%	11%	15%	20%
5	$12.834	$13.489	$16.453	$17.289	$21.072	$26.960
10	$16.470	$18.194	$27.070	$29.892	$44.402	$72.683
15	$21.137	$24.541	$44.539	$51.680	$93.563	$195.950
20	$27.126	$33.102	$73.281	$89.350	$197.155	$528.275
25	$34.813	$44.650	$120.569	$154.479	$415.441	$1.424.214
30	$44.677	$60.226	$198.374	$267.081	$875.410	$3.839.640

*Las cantidades en todas las tablas están aproximadas hacia arriba o hacia abajo según sea el valor más cercano.

*Los intereses en todas las tablas son compuestos mensualmente.

Las tablas 3 y 4, incluidas en el Apéndice B, muestran cómo las variables del interés compuesto afectan visiblemente el resultado. La Tabla 3, con un la inversión inicial de $1.000 dólares y un depósito continuo de $200 dólares al mes; y la Tabla 4, con una inversión inicial de $100 dólares y un depósito de $100 dólares al mes. En realidad es bastante sorprendente. Asegúrese de observar las dos tablas.

"Usted es el encargado
de su vida y de su futuro".

_____

Como verá, los efectos del interés compuesto son bastante sorprendentes. Si usted está entre sus 20 y 30 años de edad, debería comenzar a ahorrar algo de dinero mensualmente: el 10% de todo lo que reciba. De hecho, su cuenta de ahorros debería ser la primera en recibir su depósito, tan pronto como usted reciba su sueldo mensual. Si es posible, genere un sistema de débito automático que tome la cuota que usted decida ahorrar y la transfiera directamente en su cuenta de ahorros.

Sí, necesitamos encontrar maneras de recibir retornos que sean mayores que el interés simple que los bancos nos pagan, pero ese es tema para otro libro. De una cosa sí estoy seguro: usted debe convertirse en una persona competente cuando se trata de dinero porque necesita tratar de entender por lo menos lo mínimo que se requiere para saber invertir. Nadie, y quiero decir, nadie, tiene mayor interés sobre cómo cuidar su dinero que usted mismo. Hasta los consejeros financieros con las mejores intenciones tendrán sus propios criterios y podrían entrar en conflicto con los objetivos e intereses que usted persiga. Es mejor conseguir asesoría financiera de fuentes independientes cuyas entradas no se deriven de la venta de acciones ni de inversiones. Sería importante que sus consejeros obtuvieran sus ingresos a base de brindar excelentes asesorías. Existen en el mercado asesorías financieras independientes que son bastante recomendables –yo las utilizo– que usted podría contactar cuando se trate de invertir y recibir ganancias mayores de las que recibiría en su banco o en la Bolsa de Valores local. Tenga cuidado con los inescrupulosos.

Espero que esta tabla y las que se encuentran en el Apéndice demuestren el valor del interés compuesto. Sé que comencé la tabla al 5% y/o los bancos solo ofrecen una fracción de ese interés. Pero, como dije antes, es importante encontrar fuentes de mejores ingresos que los que ofrecen los bancos y la Bolsa de Valores. Se puede hacer, pero se requiere de esfuerzo. Es muy sorprendente ver como los números trabajan según sea la época de nuestra vida en que los aplicamos. Por ejemplo, si en este momento usted está entre sus 20 y 30 años de edad, ¡apresúrese! Comience hoy mismo y abra alguna clase de cuenta de ahorros o de inversiones en la que pueda hacer crecer su dinero a lo largo de los años y hasta su retiro, preferiblemente libre de impuestos. En palabras de Albert Einstein: "El interés compuesto es la octava maravilla del mundo. Quien lo entienda, lo disfrutará; quien no lo entienda, lo pagará". Cuando usted comienza a ahorrar su dinero, también comienzan a surgir oportunidades.

En cambio, si usted ya tiene 40, 50 o 60 años de edad, es posible que ya no tenga tanto tiempo para disfrutar del efecto del interés compuesto de alguna pequeña inversión mensual. Para alcanzar el bienestar que busca, necesitará depositar sumas más grandes de dinero cada mes o tomar mayores riesgos con su dinero. Si está pensando en tomar riesgos, recuerde hacerlo con mucho cuidado y analizando muy bien sus circunstancias personales. Yo he ganado millones especulando sobre "centavos" y sé que otros también han hecho lo mismo. Pero esos riesgos no son para la mayoría de la gente, ni tampoco invirtiendo todo el dinero. Construir un negocio es otra clase de riesgo, pero por lo menos usted tiene más control sobre lo que pase que si tuviera una empresa dedicada al mercado de valores.

Aprenda a jugar con los números para calcular con cuánto dinero terminaría durante distintos períodos. En internet existen maneras muy fáciles de hacer este tipo de cálculos. Yo utilizo la siguiente página porque me permite ajustar las variables a mi propio link: http://www.thecalculatorsite.com/finance/calculators/compoundinterestcalculator.php.

Una manera fácil de sintetizar todo lo que acabo de decirle es reiterándole que: si usted es joven, comience hoy mismo a guardar tanto como le sea posible, pero asegúrese de que sea un mínimo del 10% de todo lo que reciba. Se hará rico automáticamente. Y si es mayor, también debería comenzar a ahorrar. Vaya adelantándose y comience desde ya a guardar dinero para su retiro, para contar en su futuro con una buena fortuna. Cuando la tenga, podrá sacarles ventaja a todas las oportunidades que se le presenten.

Para ser millonario y de verdad salir adelante usted debe hacer todo lo necesario para poner sus finanzas personales en orden tan pronto como le sea posible. No se meta en deudas, pague sus tarjetas de crédito mensualmente; existen unos principios fundamentales sobre los cuales vivir y sé muy bien que, cuando el mes es más extenso que el dinero que uno gana, la situación es muy difícil. Procure no ser usted de este tipo de personas de las que van por la vida pagando intereses.

Si ya está endeudado y en dificultades, busque la manera de consolidar sus deudas. Analice la posibilidad de cancelar aquellas por las cuales esté pagando intereses más altos haciendo un préstamo que pueda pagar mensualmente y a unos intereses más bajos. Hable con sus acreedores para ver si ellos le permitirían pagar sus deudas sin intereses o a un interés más bajo. A veces los acreedores se alegran de recibir su capital puesto que, si usted se declarara en bancarrota, ellos se quedarían sin nada. Si usted habla con ellos, también pregúnteles si, además de recibirle el capital neto, le rebajan los intereses compuestos que a lo mejor usted accedió a pagar. Existen entidades dispuestas a ayudarle, pero asegúrese de que sean legítimas y no de aquellas que simplemente le cobran y no le solucionan nada.

Además, necesitará una forma de incrementar sus ingresos, ya sea a través de un segundo trabajo o empezando un negocio propio que pueda manejar a tiempo parcial desde su casa. Quizá su negocio crezca y le genere mucho dinero, como ocurrió en mi caso. Para empezarlo, no arriesgue mucho dinero; si puede, elija algo con bajos costos de inicio, pero con la habilidad de ganar el dinero suficiente como para cubrir sus gastos de sostenimiento mensuales. Así tendrá la oportunidad de salir adelante. Y aún bajo esas circunstancias, recuerde pagarse a sí mismo primero.

Como dije antes, es crucial que usted tenga un conocimiento básico sobre dinero y finanzas ya que no querrá que nadie tome ventaja de usted, ni que otras personas pretendan ser más inteligentes cuando en realidad lo único que tienen es solo un poco más de conocimiento que usted sobre determinado tema. Recuerde que el conocimiento es poder.

Comenzar un negocio es el sueño de todo empresario, y en su caso podría ser la mejor manera de salir adelante. Busque un negocio que le dé el dinero contante y sonante que necesita para sostenerse. Luego hablaremos sobre cómo generar ideas al respecto, pero no se preocupe demasiado por eso en este instante; existen muchas, pero muchas oportunidades, y ya encontrará la mejor.

Los conceptos de los que voy a estar hablando le servirán a medida que los vaya implementando y se irá librando poco a poco de las cadenas que lo mantienen atado. Uno de los aspectos más interesantes respecto a tener dinero es el hecho de que una buena situación económica le ayuda a parecerse cada vez más a la persona que realmente usted es. La gente usa con frecuencia la expresión "el dinero corrompe". Y aunque eso sea cierto en el caso de algunas personas, el dinero tiene poder para corromper solo a aquellos que son corruptibles. También habrá escuchado decir que "el dinero es la raíz de todos los males". Sin embargo, lo que en verdad la Biblia dice al respecto está en el libro de Timoteo 6:10 y es que *"el amor al dinero es la raíz de todos los males…"*. Aunque usted vea la diferencia que el dinero marca en su vida, también es importante que tenga presente que debe seguir siendo la misma persona con los mismos valores y moral de siempre. Si usted siempre ha sido una buena persona, el dinero solamente va a servirle para ser alguien todavía mejor que el que ha sido siempre. Y aunque sea cierto el hecho de que el dinero no compra la felicidad, sí hace que la vida sea mucho más llevadera.

Por el momento, deshagámonos de todas estas ideas. En el siguiente capítulo hablaré de algunos de los conceptos relacionados con el hecho de implementar unas buenas estrategias para ganar dinero. Es importante que entienda ciertos conceptos antes de comenzar a desarrollar las técnicas para lograr tener éxito, así que es ahí donde comenzaremos.

"Si algo no es imposible de lograr, debe haber alguna forma de hacerlo".

Sir Nicholas Winton

TRES

Espérelo y llegará

En el capítulo anterior hablamos sobre el dinero y cómo conseguirlo; soñamos con todo lo que usted haría si lo tuviera. De hecho, le propuse que escribiera algunas de las cosas que le gustaría hacer sin importar lo que fueran ni lo absurdas que pudieran parecer. A medida que usted haga cada uno de los ejercicios comenzará a notar cómo cada uno de ellos está construido sobre el anterior. El proceso mismo le ayudará a entender y a creer que lo que está haciendo de verdad le servirá para proyectar la vida con la cual ha soñado puesto que, mediante los ejercicios, usted irá definiendo de manera específica qué es lo que está buscando lograr. Pero no se trata solamente de establecer una meta. Estas técnicas van mucho más allá de eso. A lo mejor todavía no está listo para creerlo, pero tenga un poco de fe en este proceso: si lo implementa y sigue al pie de la letra todo lo que le estoy proponiendo, logrará todo lo que quiera. Me pregunto qué será lo que usted pretende alcanzar. ¿En realidad está esperando obtener resultados positivos de todo esto? ¿O tiene un pequeño diablito en su hombro diciéndole que "no espere nada de todo esto, que no crea en nada"? Sus expectativas, bien sean negativas o positivas, tendrán un efecto dramático sobre sus planes. Lo que usted espera alcanzar no es solo dinero, sino éxitos en todos los aspectos de su vida.

Me gustaría que pensara en qué sería todo aquello que le gustaría que ocurriera a diario. ¿Es usted de los que, por lo general, esperan que las cosas le salgan bien? ¿O más bien tiende a ser negativo? Cuando entra a un parqueadero, ¿espera encontrar de inmediato un lugar en donde parquear que le quede justo al pie del sitio hacia el cual se dirige? ¿O está pensando que el parqueadero va a estar repleto y no tendrá donde parquear? Cuando yo entro a un parqueadero, que por lo general permanece lleno, espero por completo y sin lugar a dudas encontrar un espacio justo donde lo quiero y casi siempre lo consigo. Hay ocasiones en que no, pero con mucha frecuencia encuentro el sitio perfecto.

En términos generales, siempre confío que me ocurran cosas positivas. Siempre espero lo mejor de la gente y la mayoría de las veces eso es lo que recibo. ¿En algún momento me siento indispuesto? Por supuesto. Tengo motivos, pero esa es la vida. Sin embargo, utilizando su MPP y este proceso usted se dará cuenta de que su vida tomará el rumbo que usted quiera. La manera en que afronte las adversidades suele marcar la diferencia en los resultados que obtiene. En este capítulo le mostraré cómo ponerse en una posición en la cual usted sea capaz de alcanzar todo lo que busca. Comenzaremos por alinear sus expectativas de tal manera que comience a esperar que todo en su vida ocurra como quiere que ocurra. Entiendo que a lo mejor así no es como está viviendo en este momento, y está bien, pero no se preocupe por eso en este instante. En algún momento llegaremos a la meta. Lo que no quiero en este momento es que se preocupe por perder o tener dinero. A medida que avance con los pasos propuestos en este libro, llegará a su meta –al punto en que ni se acordará de todo aquello que lo preocupa en este instante. No quiero que se preocupe ni siquiera por saber cómo alcanzará sus metas y obtendrá la libertad financiera que tanto busca. A medida que diseñe su MPP, sus metas se volverán más fáciles de alcanzar y disfrutará lográndolas. Bob Marley dijo: "No se preocupe por nada porque todo va estar bien". De hecho, casi no me gusta utilizar la palabra "preocupación" porque no quiero darle ningún poder sobre mi vida, ni sobre la suya.

Ya vamos llegando a la parte más interesante y comprometedora de este libro durante la cual comenzará a tomar decisiones que atraigan el dinero hacia usted a través de decisiones conscientes y de una programación subconsciente. Todo esto le ayudará a manifestar sus expectativas conscientes.

Sus perspectivas pueden ser una bendición o una maldición ya que, si usted piensa negativamente todo el tiempo, es muy probable que los resultados que obtenga no sean los mejores. En *Be Careful What You Wish For*, Alexandra Potter afirma: "Considere las implicaciones. Los seres humanos pensamos que sabemos lo que queremos, pero en realidad no lo sabemos hasta que lo obtenemos. Y a veces, cuando ya lo tenemos, descubrimos que en realidad nunca lo quisimos –pero ya es demasiado tarde"[4]. Por eso, cuando le digo que tenga claridad y positivismo con respecto a sus expectativas, y más adelante en su MPP de siete minutos, asegúrese de que así sea; su futuro depende de eso. Este no es tiempo para sentirse inseguro, necesita definirse. ¡Asegúrese de saber qué es lo que quiere! Diseñar su MPP le ayudará a recibir los resultados que quiere en todas y cada una de las áreas de su vida.

Puesto que muchas de las expectativas que tenemos se convierten en realidad, es importante clarificarlas y trabajar en ellas. De hecho, usted necesita programarse a sí mismo para que sus expectativas sean positivas y para que los resultados también lo sean.

Cuando usted observa de cerca a gente exitosa se da cuenta que por lo general todos ellos se mezclan con personas similares y que tienen creencias y formas de pensar parecidas a las suyas. Para dar un ejemplo de una situación opuesta a la de la gente exitosa miremos el caso de un alcohólico que vive en las calles. Lo más probable es que él estará mezclándose con gente que sepa dónde resguardarse del frío de la noche y cómo conseguir bebidas alcohólicas. ¿Podrá él cambiar su manera de pensar mezclándose con personas que le muestran dónde conseguir más alcohol? Lo más probable es que no. Él continuará viviendo esa misma clase de vida. Por el contrario, el empresario triunfador siempre tendrá los ojos puestos en la próxima oportunidad que se le presente y hará todo lo posible para convertirla en realidad. Eso no significa que una persona de negocios no ayude a otra menos afortunada, pero ella sí entiende que usted tendrá que desear cambiar su situación para lograr hacer los cambios que desea.

Cuando usted espera que algo bueno ocurra en su vida y trabaja para lograrlo, entonces lo logra. Me ocurrió a mí y también le ocurrirá a usted; es cuestión de abrirse a las múltiples oportunidades que se presentan. Cada persona cuenta con sus propias fortalezas y habilidades. Su tiempo para brillar ha llegado. Y cuando usted diseñe su MPP y lo ponga en marcha, ¡se sorprenderá de lo bien que funciona!

A lo mejor usted decida que quiere mucho más de la vida; o tal vez quiera bajar sus expectativas, lo cual está bien, –siempre y cuando esté preparado para vivir conforme a lo que producen las bajas expectativas. Estamos en esta tierra por un período muy corto y estoy convencido de que debemos procurar lo mejor que podamos para ser felices y sentirnos satisfechos. Yo prefiero esperar grandes cosas y producir grandes cosas. Esta es una de mis expectativas personales: he estado tomando vitaminas durante la mayor parte de mi vida con el fin de tener muy buena salud y lograr vivir muchos años. Además, trabajo tanto como puedo y debido a estos factores ¡espero vivir 125 años! A lo mejor para usted esta sea una locura; ¿quién quiere vivir 125 años? Mi expectativa no solo es vivirlos, sino estar muy saludable durante todo ese tiempo y disfrutar cada momento de mi existencia. Tengo esta expectativa desde hace mucho, pero mucho tiempo, y se me ha convertido en parte intrínseca de mi diario vivir. ¿Ocurrirá? No lo sé, pero esa es mi expectativa.

A medida que usted construya su plan de éxito también construirá ciertas expectativas acerca de él. Logrará ajustar su mente a su plan de una vez y por todas, y una vez entienda todos estos principios tan sencillos –a los que yo les llamo "las llaves maestras del éxito"– y sepa cómo aplicarlos correctamente, estará en la posición de lograr cualquier objetivo que se proponga por el resto de su vida. Por eso es crucial que se tome el tiempo necesario para aprender y desarrollar todas estas habilidades.

Yo tengo un bote y ocasionalmente enciendo el piloto automático para que nos lleve hacia el lugar al cual queremos ir. Yo soy el responsable de llevar el curso del bote y tengo la expectativa sobre cómo vamos a llegar al lugar deseado. Sin embargo, los vientos y la marea intentan sacarnos del curso y por eso el rumbo cambia con frecuencia, pero yo vuelvo a tomar la ruta correcta. Para expandir esta idea un poco más, es muy probable que nos mantengamos fuera de curso durante la mayor parte del viaje; pero haciendo los ajustes adecuados durante la travesía, terminamos arribando siempre al destino deseado.

Entonces, por mucho que planeemos el futuro, también necesitamos ajustar la ruta a lo largo del camino para mantenernos en el rumbo indicado. Vamos a trazar la ruta hacia la cual nos dirigimos, el destino final y las metas intermedias, y a lo largo del camino iremos ajustando la manera de llegar allá. Algunos dirán: "¡Qué afortunado eres al haber llegado a tu meta!" Sin embargo, no habrá sido cuestión de suerte, sino un esfuerzo consciente. Las decisiones y los pensamientos conscientes, junto con ideas preconcebidas, lo llevarán a donde usted desee ir. Para mí, las expectativas son más subconscientes que conscientes, y la mente subconsciente es mucho más poderosa que la mente consciente. Pero aun así, es en la mente consciente donde concebimos los caminos de la vida por los que transitaremos.

Como dije antes, estas técnicas aplican en diversas áreas, no solo en la financiera; por ejemplo, en las relaciones interpersonales, en alcanzar el peso deseado. Algunos deciden tomar su vida a la ligera y al hacerlo se están permitiendo no ponerse al frente de la situación puesto que van a flote, permitiendo que influencias externas les marquen el camino a seguir. Otros prefieren ser ellos quienes toman el control directo de sus circunstancias y se dirigen exactamente hacia el lugar que quieren llegar y de la manera más rápida. A lo mejor los resultados finales de estos dos tipos de personas sean los mismos –suponiendo que las dos hayan elegido su destino a conciencia– pero, tanto el tiempo que les tomará llegar allá, como sus rutas, serán muy distintos.

A lo mejor usted está esperando llegar a donde desea, pero surgen por el camino situaciones que lo desvían. Quizá surja un evento como una fiesta de cumpleaños o la celebración de una boda. Lo que usted haga es lo importante: ¿permite que ese evento lo saque de su rumbo por completo? ¿O lo toma como una pequeña diversión y se mantiene enfocado en el rumbo planeado tomando esta circunstancia inesperada de la manera más práctica posible y retornando pronto a trabajar en sus metas? Sus decisiones conscientes determinarán si usted toma el camino fácil o la ruta más directa al éxito. Los ajustes que haga durante la travesía pueden marcar una gran diferencia en el resultado final. Su MPP le ayudará a mantenerse en la ruta indicada todo el tiempo, pero sobre todo en momentos de distracción.

Usted pensará que la mente consciente, de donde surgen todas las decisiones, sueños e ideas, es más importante que la mente subconsciente, o viceversa, ya que el subconsciente también es el centro de control de nuestra vida y controla actividades como la respiración o los latidos del corazón. Sin embargo, tanto la una como la otra trabajan en conjunto, pero de manera distinta; ese es el encanto de estas técnicas[5]. A través de su mente consciente usted tiene la habilidad de cambiar aquello a lo que su mente subconsciente le está apuntando y hacia lo cual se está moviendo; mediante la programación usted podrá cambiar sus expectativas, y al hacerlo, su mente consciente también se alineará bajo los cambios que usted decida hacer. Con frecuencia la gente se refiere a esta falta de alineación entre la una y la otra como a la limitación de las creencias, y así es. Su MPP le permite reprogramar sus creencias y actualizarlas de la misma manera en que un programa de computación arcaico queda descartado frente a una versión actualizada. Todo esto podría sonar como un juego, pero créame, no lo es. En realidad funciona de esa manera y es importante que usted anhele ser próspero y tenga muy en claro lo que en realidad quiere lograr. Piense en grande; apúnteles a las estrellas; y si solo llega a la Luna, el viaje habrá valido la pena. Habiendo dicho esto, este libro le está enseñando cómo alcanzar las estrellas.

Como ya lo he mencionado antes, no se deje influenciar por los demás. De hecho, comience a observar a quienes lo rodean y analice qué esperan ellos de la vida. ¿También ellos sueñan con lograr sus metas? La gente de su entorno que tiene grandes expectativas también cuenta con la habilidad para influir sobre usted, pero no se los permita, a menos que las expectativas que ellos tengan acerca de usted sean positivas o sean personas que se identifican con su manera de pensar.

Piense en los niños cuando están en la escuela. Muchos padres tienen ciertas expectativas con respecto a sus hijos. Por ejemplo, que vayan a la universidad; y esa es la única ruta posible que ellos tienen para sus hijos. Sin embargo, esa es solo una clase de expectativa y casi siempre es muy satisfactoria. En otras familias la expectativa es que, como nadie ha ido a la universidad, entonces nadie vaya. Esa clase de expectativa también produce satisfacción. Quizá esa familia tiene una historia generacional de recibir ayuda del gobierno y nunca ha hecho nada para escapar a esa realidad. Las expectativas surgen a muy corta edad; así que, si usted tiene niños, procure ayudarles a esperar grandes resultados desde pequeños, así como mi madre hizo con mis dos hermanos y conmigo. Mi madre siempre nos decía que podíamos alcanzar todo lo que quisiéramos; y cuando le dije, a la edad de 10 años, que iba a ser rico, ella me apoyó diciendo: "¡Eso es magnífico! ¡Por supuesto que vas a lograrlo!" Al poco tiempo había logrado conseguirme una ruta de periódicos y era el responsable de comprarlos y cobrarles a los suscriptores mensualmente. Poco a poco comencé a construir un negocito lucrativo. Siempre estaba buscando nuevas ideas y formas que me sirvieran para establecer un negocio.

Vendí semillas de plantas y tarjetas de saludos puerta a puerta. Incluso a tan corta edad ya estaba decidido a convertirme en un millonario y trabajar para lograrlo.

Pero esa expectativa no estaba solamente en mi cabeza, sino que también recibía un refuerzo positivo de mi madre. Si ella hubiera respondido distinto cuando yo tomé esa determinación y me hubiera dicho algo como "¡Oh, no, no, jamás lo lograrás!", a lo mejor mi sueño se hubiera derrumbado y nunca lo habría convertido en realidad.

Después trabajé en la oficina de un banco durante casi un año, pero al poco tiempo me di cuenta de que ese no era el rumbo que quería seguir y decidí renunciar. El gerente me buscó y me dijo: "Bueno, pero hemos decidido que ingreses al programa de entrenamiento administrativo". En retrospectiva, esa fue una oferta excelente, pero en ese tiempo yo era muy joven y, sin darme cuenta de la magnitud de esa oportunidad, decidí rechazarla. Sin embargo, cuando la rechacé, el gerente me dijo: "Si no aprovechas esta oportunidad, jamás lograrás nada". Menos mal que él estaba equivocado y no me arrepiento de haber tomado esa decisión. Mis sueños eran tan fuertes y claros que incluso en ese entonces sus palabras no me afectaron. Admito que tuve dudas en el momento en que él me lo dijo, pero luego pensé: "No, *tengo* que lograr mis metas y necesito seguir adelante".

Todas las decisiones que tomamos tienen el poder de cambiar nuestra vida de una manera o de otra; a veces, positivamente; y otras veces, negativamente. Mi bancarrota y mi decisión de dejar el banco cambiaron mi vida de manera positiva. Es cuestión de cada uno de nosotros fabricarnos nuestro propio éxito y elegir la dirección en la cual queremos ir.

Usted también puede hacerlo fácilmente, pero es importante que esté pendiente de todas las oportunidades que se le presenten y que desde ya empiece a generar ideas y posibilidades a medida que vamos haciendo los ejercicios de cada capítulo. Por el momento, pregúntese si ya tiene en mente algún plan a seguir. ¿Qué quiere hacer para alcanzar la clase de vida que anhela, la fortuna que desea y la libertad para disfrutar de ella? ¿Qué clase de relaciones interpersonales quisiera construir y por cuánto tiempo?

¿Ya tiene claras todas estas ideas? ¿Sabe en qué dirección va? A lo mejor no, y está bien. Si su objetivo es comenzar su propio negocio, lo más probable es que necesite empezar a visitar franquicias, a buscar en internet diversas oportunidades de negocios, a leer sobre historias de éxito. Descubra lo que otra gente está haciendo actualmente para ser exitosa. También hay otras oportunidades disponibles en el mundo de la franquicia y en otras industrias. Pregúntese cuáles son sus habilidades y qué disfruta hacer. Hay muchas ideas en internet y por todas partes que pueden servirle. Una manera en la que yo logré hacer algunos millones fue en el campo del network marketing con una compañía que vendía productos para perder peso y suplementos nutricionales. Yo estuve abierto a aprender y a capitalizar aprovechando esa oportunidad.

PRIMER EJERCICIO DEL CAPÍTULO TRES

En el capítulo anterior usted escribió su lista de todo lo que le gustaría tener o hacer con el dinero que consiga. Ahora quiero que escriba algunas ideas de cosas que le gustaría hacer en el futuro. Ya las ha escrito en listas anteriores, pero ahora quiero que sea consciente de las posibilidades que tiene para lograrlas y que busque más opciones.

Esto aplica en todas las áreas, no solo en la de los negocios. Una oportunidad traerá consigo otra, la cual resultará en otra y en otra.

Siéntase libre de agregar a su lista otros lugares a los que le gustaría ir y otras actividades que le gustaría realizar. Pero ¿existen otras cosas que le gustaría hacer y que no tienen nada que ver con la fortuna que quisiera tener? Por ejemplo ¿servir como voluntario en una entidad de beneficencia? ¿Comenzar un negocio? ¿Ya sabe qué negocio sería?

Las cosas que quiere hacer son de hecho las que lo llevarán hacia el lugar al que usted quiere ir. Es importante que se mantenga abierto a nuevas ideas. Si alguien le pregunta si está interesado en algo, lo mejor es que diga que sí y escuche lo que esa persona tenga para decirle puesto que, a menos que escuche y digiera esa información, jamás sabrá de lo que se trata ni hacia dónde podría conducirlo. Es posible que al final usted no esté interesado, pero también puede ocurrir que esta persona lo guíe hacia algo que sí le parezca interesante y entonces termine conduciéndolo hacia donde usted quiere ir.

Con mayor experiencia usted sabrá cómo juzgar qué es lo que quiere y cómo llegar allá más rápido. Incluso los multimillonarios de Shark Tank y Dragon's Den analizan muy de cerca las ideas aparentemente descabelladas que les presentan algunos empresarios antes de decirles que no. Aprenda de ellos: observe y escuche antes de decir cualquier cosa.

SEGUNDO EJERCICIO DEL CAPÍTULO TRES

Como ya dije antes, cada ejercicio está construido sobre el anterior y usted irá utilizando todo lo que ha escrito para desarrollar su programa específico y personalizado de siete minutos que cambiará su vida. En este momento su ejercicio es escribir todo lo que le gustaría hacer si no tuviera restricciones de ninguna naturaleza. Pueden ser ideas de objetivos que quiere lograr durante el resto de su vida y no solo lo que le gustaría hacer hoy. De hecho, de lo que en realidad estoy hablando es de "la lista de sus últimos deseos". Y aunque no me gusta esa expresión, la utilizaremos porque mucha gente la entiende y se ha vuelto muy popular. Así que piense en todo lo que ha logrado, expándase en lo que le falta por hacer, y escríbalo en esta lista.

- Escriba todo lo que le gustaría hacer antes de morir. Lo revisaremos más tarde, pero por el momento haga una lluvia de ideas y escriba todo lo que se le ocurra.

- Piense en lo que quiere lograr en la vida. Incluya aspectos como sus relaciones: ¿qué clase de relación desearía tener? ¿Qué clase de trabajo social o espiritual le gustaría realizar? ¿Qué quisiera lograr en todos y cada uno de los aspectos de su vida?

Escriba esta lista como si su vida dependiera de ella —porque en realidad su vida sí depende de ella. Esperar resultados en abundancia influye en la manera en que los obtendrá y por tanto tener su lista le ayudará a abrir su mente hacia todas esas expectativas. A medida que nos acerquemos al momento de escribir su MPP le pediré que sea cada vez más decidido y concreto. Tendrá que elegir y ser más específico para enfocarse tanto en su presente como en su futuro. Además, necesitará trabajar en sus metas a corto y largo plazo, por lo menos a siete años, a cinco años, a un año y mes a mes a partir de este momento.

Si usted no sabe lo que quiere, entonces ¿cómo va a conseguirlo? Es como mi historia de navegación: si solamente nos sentamos en el bote y le permitimos que vaya en la dirección que él quiera, sin pilotearlo, entonces este irá en círculos constantes, sin ruta fija, dejándose llevar por el viento y la corriente hasta resultar perdido o entre las rocas. Pero, si ponemos el piloto automático o nosotros mismos mantenemos el timón para avanzar en determinado rumbo hasta llegar a la isla que está al otro lado, sabremos con exactitud hacia donde nos dirigimos, incluso si tenemos que hacer algunos ajustes por el camino. Así mismo, usted también necesita saber con claridad cuál es su objetivo para poder avanzar hacia él. Este es el momento de aprender a cuantificar, clarificar y convertir en realidad sus metas.

Todas sus listas conforman la primera etapa de sus planes, pero es importante que la haga porque lo motivarán a no quedarse estancado. Si usted se sienta, se relaja y piensa: "No creo que necesite hacer nada de esto, ni escribir nada, lo mejor será pasar al siguiente capítulo porque eso es lo que quiero hacer en este momento", entonces le pediré que reconsidere. Tome un lápiz y papel o vaya a su computador y comience a hacer su lista *¡ahora mismo!* Si se gasta 20 o 30 minutos haciéndola, le apuesto que saldrá con cientos de ideas de lo que le gustaría hacer.

No se limite y escriba lo que quiera. Empiece a escribir y deje que su mente le dicte. Si se estanca, parece y camine durante unos 30 segundos; luego, regrese y trate de escribir unas 10 o 20 ideas más. Y hasta que no lo haya hecho, no comience a leer el siguiente capítulo. La cuestión aquí es dejar de ser tan complaciente consigo mismo y no seguir posponiendo sus asuntos. Si usted toma las riendas de su vida en este instante, el siguiente capítulo no le costará ningún trabajo.

A medida que construya su lista de posibilidades también comenzará a trabajar para cumplirlas, pero si no ha decidido qué es lo que quiere hacer, ¿cómo sabrá qué resultados esperar?

"Una decisión real se mide mediante el hecho de actuar para ir en pos de ella.
Si usted no actúa, entonces en realidad no ha decidido nada".

Tonny Robbins

CUATRO

Las acciones hablan por sí solas

En el capítulo anterior hablamos sobre las expectativas y qué tan importantes son en el cumplimiento de los sueños y las metas. Espero que se haya divertido haciendo su lista de todo lo que quiere lograr en la vida y contemplando las muchas, muchas cosas que le gustaría hacer durante los siguientes meses y años. Cuando vuelve a leerla, ¿siente temor o emoción? ¿*Cree* que podrá conseguir sus metas? Yo espero que sí, pero en este momento eso ya no importa demasiado porque su MPP le ayudará a encontrar la motivación y la confianza en sí mismo que necesita tanto en su mente subconsciente como en la consciente.

Como dije al final del capítulo anterior, si usted se complace mucho a sí mismo, estará postergando la posibilidad de triunfar. Si no actúa, nada pasará, ni podrá esperar que nada nuevo ocurra en su vida. Tenga presentes todas las ideas que ya escribió y siga agregando nuevas cosas a su lista a medida que vengan a su mente. Todas estas ideas son válidas por el simple hecho de ser suyas. Napoleón Hill escribió en *Piense y hágase rico*: "Lo que su mente conciba y crea, se puede lograr".

Recuerde que al principio de esta lectura mencioné lo que establece la Ley de la Atracción: que las cosas parecidas se juntan entre sí. Entre más abierto esté usted hacia nuevas ideas, más nuevas ideas vendrán a su mente de manera natural. Es como una bola de nieve". Usted está entrenando su cerebro para que sea un productor de ideas. Esta es una de las razones

81

por las cuales le he pedido que haga estos ejercicios y escriba estas listas, y aunque exista cierta repetición en ellas, es muy valioso ejercitarse y aprender a generar cada vez más nuevos puntos de vista. Otra manera de generar ideas es leyendo sobre temas que le resulten novedosos. Cuando usted adquiere conocimientos sobre temas interesantes, como por ejemplo, sobre medicina, tecnología o temas por el estilo, nuevas ideas vendrán a su mente. Elija artículos bien escritos que capten su atención. ¡Conviértase en un generador de ideas!

Retomando el tema de la inactividad y la exagerada complacencia de sí mismo es importante dejar en claro que estas dos son casi siempre las barreras más grandes que obstruyen su éxito. Si usted es de los que posponen, se está limitando por el resto de su vida. Como dice el proverbio: "El mañana nunca llega". Hoy es el día para actuar. Preocuparse demasiado por las cosas también es contraproducente y le roba mucha energía positiva. La preocupación limita sus expectativas y mucho de aquello por lo cual usted se preocupa no ocurrirá jamás.

Entienda que *actuar es más importante que preocuparse y dudar*. Cuando usted actúe positivamente, muchas cosas en su vida comenzarán a cambiar, y quienes lo rodean lo notarán. Empezarán a observar que usted *va a todas partes*. La acción es más elocuente que las palabras. Tan pronto como usted ponga su plan en marcha, se sentirá impulsado y motivado. La Primera Ley de Newton afirma que un objeto en movimiento tiende a mantenerse en movimiento. Una vez que usted haya empezado a actuar, entre más movimientos haga, más querrá continuar avanzando y sus movimientos se harán más difíciles de interrumpir. Se dará cuenta de que irán surgiendo más oportunidades de las que se imaginó y el proceso de haberse puesto en marcha será cada vez más interesante. Los planes y las acciones que usted ejecute se irán construyendo de manera paulatina y entrelazada, y le darán cada vez más energía, como aquella que siente cuando está haciendo ejercicio físico.

Quiero que identifique a diario cuáles son aquellas cosas que le ayudan a convertirse en una persona feliz y exitosa. Y esta es la parte bonita del ejercicio: que usted elegirá lo que usted quiera. Incluso si tiene que ir a un trabajo aburrido todos los días, usted tiene la capacidad para elegir cómo enfrentarse a ese trabajo; puede elegir cómo hacerlo cada vez más interesante y divertido. De hecho, le sugiero que comience hoy mismo a hacer más de aquello por lo cual le pagan. Mantenga esa buena actitud al respecto y verá que, ya sea en ese trabajo o en otro, después será más lo que le pagan por lo que usted haga.

Esta es en realidad la verdad acerca de cómo usted quiere vivir su vida. Haga más de lo que se espera de usted y en el futuro será recompensado en gran manera. Muy a menudo la gente falla al querer alcanzar sus metas, pero no es necesariamente por falta de acción, sino por falta de actuar de manera *efectiva*. Muchos actúan o piensan que están actuando, pero no se dan cuenta de que esa acción no los está llevando hacia cumplir sus objetivos.

Me gustaría que usted se hiciera a diario las siguientes preguntas: ¿lo que hice hoy es efectivo? ¿Estoy más cerca de lograr mi objetivo? Si fue así, ¡entonces, muy bien! Siga moviéndose en esa dirección. Pero, si no fue así, entonces pare y piense e identifique por qué. Piense en cambiar o en corregir lo que no le está funcionando y busque maneras de lograr resultados más efectivos. No espere a mañana. Con frecuencia escuchará que hay gente que dice: "Todavía no ha llegado el momento adecuado. Este no es el tiempo perfecto". Eso no es aceptable.

Usted no puede esperar a que todo sea "perfecto" ni "adecuado". Lo que en realidad usted necesita es actuar –y ahora mismo.

Las circunstancias a nuestro alrededor nunca van a ser perfectas. De hecho, evadir no es otra cosa que perder el tiempo, así que el momento de actuar es ahora mismo. Su vida necesita un plan de acción porque, si usted no sabe hacia dónde se dirige, lo más probable es que resulte donde menos lo esperaba. Además, necesita ocuparse del lugar donde vive –de su entorno– así como de su cuerpo. Sí, así como lo acaba de leer: usted necesita ocuparse de su entorno y de su cuerpo.

Es importante que coma bien y que se mantenga en forma. Si actualmente no está haciendo ejercicio, ¡comience a hacerlo! Camine, vaya en bicicleta a todas partes y no manejando; suba por las escaleras y no por el elevador. Al hacer cambios pequeños y sencillos con respecto a su conducta y sus hábitos usted obtiene grandes resultados en cuanto a su estado mental, a su salud física y a su bienestar en general.

La buena nutrición es muy importante cuando se trata de nuestra habilidad para tomar decisiones; comer bien incrementa nuestra energía mental y física. Procure no seguir comiendo lo que no le beneficia a su cuerpo ni a su cerebro aunque sea delicioso. Comer bien incrementa su sistema inmunológico, su salud en general, su bienestar; y aumenta su habilidad para concentrarse. Además, al dejar de consumir comida chatarra usted estará ahorrando dinero y podrá pagar más pronto sus deudas. La comida chatarra no es barata ni para su billetera, ni para su salud.

La siguiente es una lista de alimentos esenciales para su cerebro y para su bienestar general[6]. Estúdiela y trate de tenerla en cuenta lo más frecuentemente posible en el momento de planear sus comidas.

- **Alimentos integrales.** Nada funciona adecuadamente si no hay una buena fuente de energía. Los alimentos integrales aumentan nuestra habilidad para concentrarnos y mantenernos enfocados porque nos proveen una fuente estable de glucosa en el flujo de sangre al cerebro. Elija granos enteros de liberación lenta que le proporcionen energía durante todo el día y le ayuden a mantener el funcionamiento del cerebro en buena forma. Un desayuno de avena es una excelente manera de empezar el día.

- **El pescado.** Los ácidos grasos esenciales, buenos para darle al cerebro un impulso extra, se llaman así por una razón: son esenciales y, sin embargo, no son producidos por el cuerpo. Por consiguiente, debemos obtenerlos a través de la dieta. Los más efectivos se encuentran en la sustancia aceitosa del pescado, como el salmón, las sardinas, la trucha.

- **El tomate.** Sí, el humilde tomate es un alimento maravilloso. Se dice que los tomates enlatados o cocidos son incluso mejor para la salud que los frescos, así que asegúrese de añadirlos en la mayoría de sus comidas. Son una rica fuente de licopeno, que es un poderoso antioxidante que ayuda a combatir la demencia y otras condiciones de salud similares.

- **Nueces y semillas.** Si usted se siente tentado a comer papas fritas, cámbielas por frutos secos y semillas, en particular, las semillas de calabaza. Ingiera un pequeño puñado y recuerde que, al igual que los aceites de frutos secos, estas semillas también son muy ricas en calorías. Lo mejor es comerlas crudas y no cocidas, ni en aceite y sal.

- **Vegetales de hoja verde.** Añádalos a sus comidas para agregar un refuerzo de vitaminas y minerales. Vegetales como la col rizada, la col, el coliflor y el brócoli son muy bueno para su salud y contienen varios ingredientes anticancerígenos.

Si tiene problemas de salud, no diga: "Voy a ponerme en forma cuando me retire o tenga dinero". Usted necesita ponerse en forma ahora mismo, es importante. No espere más. Si tiene dinero, pero no tiene salud, entonces, ¿de qué le sirve el dinero? La salud no se puede comprar. Es necesario que esté en forma para que pueda disfrutar de una vida larga, saludable, que le permita apreciar y disfrutar de los frutos de su trabajo. Yo, por lo general voy al gimnasio entre tres y cinco días a la semana y descanso los fines de semana. Hago una combinación entre bicicleta estacionaria, ejercicios básicos y un poco de entrenamiento con pesas. Le recomiendo firmemente que incluya entre sus actividades algún programa de ejercicios.

El yoga y los pilates son muy beneficiosos. La bicicleta estática es un gran ejercicio cardiovascular, ideal para quemar calorías, ponerse en forma física y perder peso, si eso es lo que usted está buscando.

También le sugiero que empiece algún tipo de entrenamiento con pesas, si no lo ha hecho todavía. Es importante mantener sus músculos en buena forma porque le ayudarán a regular su metabolismo, lo cual también le ayuda a mantener su peso ideal. Los músculos queman grasa de manera muy eficiente y entre más firme sea el tejido muscular, más eficiente es la forma de quemar grasa. Después de los 40 años de edad se pierde casi el 8% de la masa muscular por década y esa pérdida se acelera a medida que envejecemos; por lo tanto, es muy importante construir y mantener la masa muscular a través de alguna forma de resistencia o entrenamiento con ejercicios de pesas.

Yo solía sufrir de un enorme dolor de espalda; a veces, era tan incapacitante que, cuando mi hijo tenía unos dos años, no siempre lograba levantarlo del suelo. Era muy molesto, así que fui al doctor. Me practicaron una resonancia magnética y una tomografía axial computarizada; fui al reumatólogo y me inyectaron con isótopos radiactivos para observar mis huesos a través de una radiografía. Me chequearon todo y, sin embargo, no encontraron nada. ¡Ni una sola cosa!

Parecía ser un caso extremadamente grave de ciática con un dolor severo en la pierna derecha, que de vez en cuando pasaba de la izquierda, pero ubicado más a menudo en el lado derecho. No se sabía qué era y tampoco se me quitaba. En ese momento de mi vida yo no hacía realmente mucho ejercicio. Estaba en bastante buena forma, o eso creía yo, pero no estaba involucrado en ningún plan de ejercicios. Entonces contraté a un entrenador personal que me introdujo en el mundo de los ejercicios básicos, una de las mejores actividades que uno puede hacer en beneficio propio, además de algún tipo de cardio. Estos fortalecen todos los músculos y nos mantienen en buenas condiciones estructurales puesto que son como las bases de la columna vertebral. Del mismo modo que se necesita una buena base sólida para sostener una casa o un edificio, también necesitamos una base sólida para nuestro cuerpo –que sea como su núcleo.

Entiendo que a lo mejor usted no puede permitirse el lujo de ir a un gimnasio en este momento –no olvide que yo también he estado en esa situación. Pero hay muchos ejercicios para hacer en casa. Sí, ya sé que se necesita disciplina, pero los puede hacer si está decidido a hacer las cosas bien. Busque en internet ejercicios de base, de fuerza, ejercicios que se puedan hacer en cualquier lugar.

Los ejercicios de tablón son bastante simples y se han vuelto muy comunes en internet. Implican que su cuerpo se mantenga recto como una tabla, al nivel de la tierra; no requieren de ninguna clase de equipo. Es sorprendente cómo esta clase de ejercicios fortalecen los músculos de la espalda y el abdomen. Usted puede aumentar su intensidad levantando una pierna y un brazo; haga estocadas, simplemente dando un paso adelante en curva hasta las rodillas o hacia los lados.

También podría utilizar una bola y rodar sobre ella haciendo rollos. Estos se realizan mediante la colocación de las manos en el suelo y luego poner las espinillas, la parte superior de los pies o los dedos de los pies en una bola inflada. Hágalos de espalda colocando sus hombros en el suelo y su cara en la pelota. Muchos ejercicios no requieren de ningún equipo.

En todo caso, mi responsabilidad es que usted comience poco a poco para que no se lastime; además, siempre es mejor consultar con su médico antes de empezar cualquier rutina de ejercicio riguroso.

Así que, hoy en día no existe la excusa del presupuesto corto para no hacer ejercicio. Usted no tiene el dinero para inscribirse en un gimnasio, pero aun así puede mantenerse en forma. A lo mejor está pensando que yo estoy insistiendo más de lo necesario sobre el tema en un libro como este, pero lo hago por su salud puesto que un cuerpo y una mente saludables trabajan alimentándose entre sí. Si usted trabaja para tener un cuerpo saludable, también estará incrementando su salud mental.

A lo mejor su excusa es que no tiene tiempo. En ese caso es cuestión de buscar maneras de encontrar el espacio para hacer ejercicio a diario. Cada instante que encuentre, sin importar qué tan corto sea, tendrá un profundo impacto sobre su salud, siempre y cuando lo utilice sabiamente.

Hemos hablado acerca de recortar pasatiempos como mirar tanta televisión, pero ¿ya lo está haciendo? Eso no significa que no pueda relajarse y descansar, sino que es posible que necesite elegir tiempos específicos para mirar su programa favorito (¡o dos o tres!). También puede utilizar la estrategia de grabarlos y así controlar mejor su horario. Existen algunas televisiones de muy buena calidad que le permiten grabar el programa que quiera; es cuestión de ser selectivo en lo que quiere ver.

Reorganice su tiempo de tal manera que logre moverse hacia sus objetivos al mismo tiempo que hace lo que le gusta hacer a diario. Mantenga siempre sus metas en mente y asegúrese de estar avanzando hacia ellas.

¿Maneja usted un promedio diario de una hora o más? En lugar de escuchar música piense en todo lo que necesita y quiere aprender y considere la posibilidad de escuchar grabaciones que le enseñen al respecto. Si escucha sobre sus temas favoritos una hora al día, habrá encontrado 350 horas al año disponibles para aprender nuevas cosas. Incluso, descartando los fines de semana, tendría un promedio de 250 horas de aprendizaje al año. ¡Habrá aprendido bastante! Hasta puede aprender un nuevo idioma durante todo ese tiempo.

Otro idioma podría ayudarle si su negocio es internacional, pero hay muchas otras cosas por aprender. Busque grabaciones en internet y descárguelas en su iPod o en su celular y conéctelos a su carro. O consulte en su biblioteca más cercana y saque prestados CDs de su interés. ¡No cuesta nada suscribirse en una biblioteca! Hay toneladas de información de fácil acceso allá afuera para que usted se beneficie y aprenda. Aproveche todas esas ventajas.

¿Cuánto tiempo duerme cada noche? ¿Podría levantarse más temprano? ¿O entrenarse para aprender a levantarse más temprano? ¿De verdad necesita ocho horas de sueño? ¿No podrían ser siete? ¿Quizá seis? Conozco algunas personas que solo duermen cuatro o cinco horas diarias.

Para mí, cuatro o cinco horas no son suficientes. Seis están bien. Durante la época que estuve vendiendo finca raíz de tiempo completo surgió una oportunidad para comenzar mi propio negocio y la tomé. Me encontraba en la costa oeste, y para hacer negocios con gente ubicada en la costa este (¡con una diferencia de tres horas!) decidí que me levantaría una hora más temprano. Me forzaba a levantarme a las 5:00 a.m., cuando en el este eran las 8:00 am. Comenzaba a hacer llamadas a esa hora. Invertí una hora de trabajo más y dejé de dormir una hora menos, pero esa hora me permitió construir ¡un negocio de millones de dólares!

¿Había usted pensado alguna vez que una persona podría conseguir tanta cantidad de dinero con el simple hecho de dormir una hora menos? Si usted hubiera sabido que era así de fácil, ya lo habría intentado, ¿no es verdad? Dormir es importante y necesario para el cuerpo y la mente, pero a lo mejor usted se sorprendería si descubriera que necesita menos tiempo para descansar del que pensó que necesitaba.

Encuentre maneras de buscar tiempo para usted sin importar lo ocupado que se encuentre durante la semana. Con frecuencia escucho excusas como: "¡Oh, ya estoy muy viejo!" "¡Me mantengo demasiado ocupado!" "¡Tengo mucho trabajo!" "¡Tengo que cuidar a mis hijos!" Existe una gran variedad de excusas y algunas de ellas son válidas, pero otras no lo son. Observe con cuidado como está invirtiendo su tiempo —quiero decir, minuto a minuto— y le aseguro que encontrará *algún espacio* de tiempo para usted. Quizá sea cuestión de abandonar algunos hábitos innecesarios o pasatiempos que no le sirven para nada. Si hay gente en su vida que le quita tiempo, salud mental y energía física, entonces es muy probable que necesite reducir drásticamente la cantidad de tiempo que pasa con ese tipo de personas —o aléjese de ellas por completo.

Lo cierto es que a nadie más, ni al universo entero, le importa si usted consigue triunfar o no. Si permite que situaciones o excusas le impidan progresar, entonces está permitiendo que alguien o algo ajeno a usted le roben sus sueños. ¿Está preparado para permitir que esto le ocurra? Yo creo que no, ¡esa es la razón por la cual está leyendo este libro!

Me gustaría que pensara en todo aquello que hay en su vida en este momento que está en contra suya, que lo detiene de avanzar hacia la meta que quiere alcanzar. ¿Cuál es su mayor obstáculo? ¿Es algo o alguien? ¿Es solo un obstáculo o dos? O tal vez haya varios obstáculos que se interponen en su camino. Es importante reconocer primero qué es todo aquello que está obstruyendo sus planes porque, hasta que no identifique de qué se trata, será muy difícil eliminarlo. Una vez que haya identificado cuál es ese asunto, necesita determinar cómo enfrentarlo.

Quizá logre eliminarlo por completo. Tendrá que idearse la forma de esquivar y eliminar sus obstáculos para poder avanzar y llegar al destino anhelado. A veces, cuando estoy navegando, encuentro troncos en medio del agua y necesito desviarme para poder llegar a donde quiero. Usted necesita hacer lo mismo con su vida diaria.

Es muy importante planear su tiempo a diario porque es muy fácil desperdiciarlo. Cuando trabajaba en finca raíz aprendí una lección muy valiosa de Tom Hopkins, uno de los mejores entrenadores en ese campo. Uno de sus mensajes clave era "hacer la actividad más productiva en determinado momento". Piense en eso por un instante. Considere lo siguiente: "¿Es esta la mayor y mejor manera de invertir mi tiempo en este momento? ¿Lo que estoy haciendo me va a llevar a donde quiero ir?"

Es fácil sentarse frente a su escritorio y organizar papeles o hacer las pequeñas cosas que se necesitan a diario, pero ninguna de ellas lo ayudará a avanzar. ¿Es realmente importante sacar la basura en este momento o puede sacarla por la noche? Es muy fácil dejar que las pequeñas cosas se interpongan en su camino hacia alcanzar sus metas, pero yo lo animo a desarrollar la disciplina para no permitir que esto le ocurra. A medida que avanza en sus planes y decide cuál será su MPP se dará cuenta de que ha incrementado su habilidad para disciplinarse a sí mismo. Sin embargo, quiero que en este instante comprenda que, sin importar cuál sea su situación, usted puede cambiarla. Usted cuenta con la capacidad para convertirse en una persona libre desde el punto de vista financiero y para tener todo lo que desea. Recuerde que *donde* usted se encuentra hoy no es quien usted *es*.

Cada uno de los ejercicios que encuentra en esta lectura está diseñado para ayudarle a desarrollar una visión de su futuro y de quien usted quiere ser. A medida que va madurando esta idea y se familiariza con lo que quiere ser en la vida también es importante que comience a convertirse en esa persona. Actúe como quien quiere ser, como si se tratara de un juego. Comience por pensar en quién quiere ser en el futuro, y en lugar de esperar hasta entonces, sea esa persona hoy. Póngase en los zapatos de esa persona y sienta lo que es ser quien quiere ser. Cierre sus ojos por un momento y visualice la ropa que compraría si sus finanzas le permitieran comprar todo lo que usted deseara. *Vea* lo bien que luce sabiendo que el momento que tanto ha esperado está por llegar.

Cada uno de mis ejercicios tiene como propósito que usted mire hacia su futuro, que lo visualice tal como quiere. Nadie quiere pasar el resto de su vida mirando hacia su pasado excepto para aprender de él o para recordar y disfrutar de los buenos recuerdos. Mire siempre hacia adelante. Mirar para atrás y enfocarse en su pasado lo detiene de avanzar hacia un futuro exitoso.

Ya he dicho antes que le doy a mi madre todo el crédito que ella tiene por haberme animado a pensar y a creer que me convertiría en la persona que hoy soy. Ella fue quien sembró en mí la fe de que yo sería capaz de hacer todo lo que quisiera. Sin embargo, a medida que ella envejece, ha desarrollado la tendencia de mirar atrás y le ha dado por enfocarse en todo aquello en lo que se equivocó. Todos esos malos momentos le han causado una gran tristeza; sin embargo, ella está trabajando para reponerse y continuar mirando hacia el futuro.

Usted puede elegir no hacer lo que le estoy sugiriendo; pero, si continúa mirando hacia atrás, se dará cuenta de que está *retrocediendo* y yendo cuesta abajo.

La única forma de visualizar y construir su futuro es mirando hacia adelante. Reflexionar sobre el pasado y aprender de él es importante, pero llorar y agonizar sobre los hechos no le hará ningún bien. Usted necesita dar un paso adelante y avanzar hacia el futuro. Piense en todos aquellos eventos, acciones o metas que tanto lo ilusionan porque todo esto será lo que le ayude a llegar allá.

A lo mejor usted ha escuchado la historia que Jim Carrie le contó a Oprah Winfrey en uno de sus programas en 1997. Antes de hacerse famoso por su película *Dumb & Dumber*, Jim estaba pasando por un momento financiero y emocional bastante difícil. Nadie creía en él. Cuando no tenía trabajo se pasaba muchas horas en las bibliotecas aprendiendo sobre sicología y negocios, y sobre el poder de visualizar, prever y vivir durante un momento presente un evento futuro. Él soñaba con ganarse $10 millones de dólares en un solo papel y se giró a sí mismo un cheque por esa cantidad de dinero. Lo miraba, lo tocaba, lo sentía, cerraba sus ojos y soñaba con el momento en que podría en realidad cobrar un cheque por esa cantidad. Luego lo posfechó para el día de Acción de Gracias de 1995. Y unos días antes de esa fecha se enteró de que iba a ganarse $10 millones de dólares con su papel en *Dumb & Dumber*. También le contó a Oprah que, cuando murió su padre, le depositó ese cheque en su féretro porque ese fue un sueño que compartieron juntos. Así de poderosa puede llegar a ser una visualización.

También habrá escuchado historias acerca de Tiger Woods y otros golfistas; de corredores de autos de Fórmula 1 y, de hecho, de otros grandes deportistas; todos ellos dicen que se sienten renovados al visualizar el juego antes de ingresar de verdad a la cancha o a la pista. Todos practican sus jugadas. Todos se enfocan en el juego, lo imaginan y lo entienden. Tiger Woods se imagina el golpe que dará y como el palo pega contra la bola y esta gira en el aire. Luego sigue el trayecto de la bola en su mente y se imagina el lugar exacto al que irá a parar, justo al lugar que él quiere que llegue. Todo esto está en su mente. Este tipo de enfoque, que consiste en vivir con anterioridad un evento futuro, es la clave para poder alcanzar esos mismos resultados en la vida real.

Usted no puede forzar el resultado que quiere obtener. La determinación y la persistencia son absolutamente necesarias, pero solo con determinación no alcanzará sus propósitos. Primero que todo, debe pensar en sus metas constantemente, sin confundir esta acción con la persistencia. Y aunque la persistencia sea la clave, esa es otra cosa. Construir su futuro en su mente consciente le ayudará a su mente subconsciente a avanzar hacia sus metas.

Ya hemos hablado acerca de no vivir del pasado. Sin embargo, hay que decir que la *mayoría* de la gente se pasa la *mayoría* de su tiempo viviendo en el presente, invirtiendo la *mayoría* de su tiempo en los resultados actuales y viviendo el día a día. Es obvio que necesitamos vivir en el ahora y ubicarnos en el presente en todo lo que hacemos, disfrutando de cada experiencia y de cada momento; pero, para avanzar en el camino, necesitamos forjar ese camino en nuestras mentes y visualizar el futuro para poder convertirlo en realidad.

Lo cierto es que no permanecemos estáticos. Usted siempre está moviéndose, bien sea hacia atrás o hacia adelante; por lo tanto, enfocarse solamente en los resultados actuales, sin tener ninguna idea de cómo será el futuro es casi como ir en retroceso. El mundo siempre se mueve hacia adelante y el tiempo avanza; y a menos que usted esté avanzando con ellos, se estará quedando atrás. Cada segundo que pasa sin actuar, sin hacer algo con respecto a su futuro, se convierte en su pasado; y si usted sigue así, se convertirá en un pasajero de su propia vida, pero no en el capitán.

EJERCICIO DEL CAPÍTULO CUATRO

En este ejercicio vamos a averiguar qué tan efectivamente estamos utilizando nuestro tiempo y además descubriremos qué tanto tiempo estamos perdiendo.

* Durante los siguientes siete días escriba todo lo que hace a lo largo del día; anote el tiempo que invierte en cada acción. Si tiene un planeador o algo similar, escriba allí. Lleve un registro de todas sus acciones en

segmentos de cinco minutos para que le sea fácil revisar y analizar con exactitud cuánto tiempo invierte de manera productiva. Si no tiene un planeador, escriba en su diario o utilice uno de esos calendarios de Google que se consiguen gratuitamente con cualquier cuenta de Gmail.

- Analice con precisión qué tanto tiempo invierte haciendo qué: descanso, arreglo personal (bañándose, afeitándose, etc.), ejercicio, manejando hacia el trabajo, trabajando y así sucesivamente.

- Una vez que lo haya escrito, revise y calcule qué tanto es su tiempo productivo e improductivo durante siete días.

- Divida sus tiempos de productividad en su trabajo y en su casa, así como trabajando en sus metas, mejorando sus relaciones, pasando tiempo con su pareja o su familia. Esas son en realidad las tres categorías principales de tiempo que todos tenemos. Nuestras actividades productivas están relacionadas con cualquiera de estas tres categorías.

- Mire muy de cerca en qué gasta su tiempo improductivo. ¿Qué hace? Porque si usted no estaba trabajando, ni en función de sus metas, ¿qué estaba haciendo?

Se necesita de fuerza interior para ser capaz de hacer este ejercicio honestamente, pero es muy importante que se autoevalúe. No hay para qué tratar de engañar a nadie a este punto de su vida; y en todo caso, al único que estará engañando será a usted mismo. Si toma este ejercicio con seriedad, le ayudará a continuar hacia el siguiente punto y hacia el siguiente ejercicio, y todo ese trabajo conjunto le ayudará a descubrir su MPP de siete minutos. Recuerde que la costumbre de posponer solo contribuye a matar sus sueños. No hay mejor tiempo que hoy porque el mañana nunca llega. Llevar un inventario sobre su manera de invertir el tiempo le ayudará a tener una idea exacta de qué tan efectivamente lo utiliza día a día y le permitirá hacer los cambios necesarios para encontrar el espacio que necesita para comenzar a construir su futuro.

Espero que al finalizar este capítulo usted se sienta energético, positivo y enfocado en todo lo que puede llegar a lograr. Ojalá también haya comenzado a pensar en maneras de encontrar más tiempo dentro de su horario habitual para trabajar más en función del futuro que desea. Además, debería tener una idea clara del tiempo que no está utilizando en función de cumplir con sus metas.

En el siguiente capítulo hablaremos de pensamiento positivo y de su importancia, aclarando que no es suficiente con tan solo pensar de manera positiva para convertir los sueños en realidad.

"Vaya tan lejos como le alcance la vista.
Cuando llegue allá, se dará cuenta de que podría ir
todavía más lejos".

Zig Ziglar

CINCO

Sea un visionario

En el Capítulo Cuatro hablamos sobre la importancia de actuar y de no posponer. Nunca subestime el poder de comenzar desde ya. Yo sé que es fácil dejar para mañana; pero, cuando lo hacemos, ponemos en riesgo la posibilidad de triunfar. Nadie ha alcanzado jamás sus metas posponiéndolas, ni merece alcanzarlas. También hablamos sobre el uso productivo e improductivo del tiempo; de cómo aprender y adquirir cada vez más conocimientos y crecer; y de cómo cada una de nuestras decisiones nos lleva a mejorar o a retroceder. También hablamos del concepto de visualizar y experimentar en el presente ese futuro que tanto anhelamos.

Aquellos a quienes nos consideran "afortunados" en realidad estamos generando nuestro propio futuro a través de nuestros pensamientos y de nuestras acciones. Como dije antes, entre más trabajo, más suerte tengo. La gente con "suerte":

- Busca y aprovecha nuevas oportunidades.
- Toma decisiones "afortunadas" basándose en su intuición.
- Tiene expectativas positivas que generan resultados satisfactorios.
- Responde con una actitud resiliente cuando las cosas no funcionan como esperaba.

La gente con "suerte" posee una actitud bastante proactiva, tiene la capacidad de pensar: "Trabajemos y hagamos esto posible", mientras quienes se consideran sin suerte tienden a decir: "No voy a hacerlo porque no se justifica". En lugar de ser analíticos, aquellos con "suerte" agarran todas las oportunidades que se les presentan en el camino porque se dan cuenta de que la vida es incierta y llena de oportunidades que hay que aprovechar. Quienes piensan que no tienen suerte han demostrado en pruebas de personalidad que son más ansiosos que los "suertudos". Su ansiedad les causa una tensión que interfiere con su habilidad para descubrir las posibilidades inesperadas que surjan en su camino.

A veces la incertidumbre trae consigo algunos beneficios. En un experimento conducido por el Profesor Wiseman, él le pidió a un grupo de voluntarios que se enfocara en un punto ubicado en la mitad de la pantalla de su computador. Para el primer grupo, comenzaron a aparecer otros puntos titilando hacia las orillas de sus pantallas. Virtualmente, todos y cada uno de los integrantes del grupo captaron esos puntos. Luego se le hizo la misma prueba a otro grupo al cual se le dijo que habría una gran recompensa si ellos permanecían mirando al punto en el centro de la pantalla. La posibilidad de la recompensa generó en ellos cierta ansiedad, y más de una tercera parte del grupo no vio los otros puntos que comenzaron a aparecer[7]. ¿Qué podemos aprender de esta experiencia? El hecho es que, entre más usted se concentre en algo, es más difícil que se dé cuenta de otras oportunidades que surjan a su alrededor. Esto aplica tanto a sus negocios como a su vida personal. Dicho esto, una vez que usted trace su ruta, se requerirá de mucha concentración de su parte. Sin embargo, yo creo que usted entiende lo que quiero decirle: existe una diferencia entre estar ciego debido a un continuo enfoque a estar enfocado en una tarea o en cierta meta.

Su estado de ánimo también es extremadamente importante para incrementar su suerte. Cuando usted está en un excelente estado de ánimo y se siente relajado, se da cuenta de que su mente se vuelve más expansiva. Usted tiene que aprender a combatir la incertidumbre y a tener la flexibilidad para decir: "Un momento, yo puedo hacer esto de otra manera mejor". Además, usted también necesita aprender a ser menos rígido en su actitud. Solo por el hecho de que usted siempre ha pensado que las cosas son de cierta manera, no significa que solo eso sea verdad. Hoy en día vivimos en un mundo repleto de un tipo de tecnología en el que las cosas cambian de una manera radical en tan solo un pequeño espacio de tiempo. Quizás una de las claves para incrementar su "suerte" esté en permitirse a sí mismo hacer los cambios que necesita.

Si usted cree que la suerte es un factor determinante en el destino de una persona, entonces existe la posibilidad de que usted también sea supersticioso en otras áreas. ¿Qué papel desempeña la superstición en la suerte que usted tiene? A lo mejor usted carga siempre una pata de conejo, un trébol de cuatro hojas o alguna otra clase de amuleto. ¿Significa entonces que usted está perdiendo su tiempo? Tener un amuleto simboliza nuestro intento de imponer alguna clase de orden en nuestro universo, y como tal, podríamos asumir que nuestros propios esfuerzos tienden a fracasar. Sin embargo, Cologne University condujo una serie de experimentos que sugieren que, después de todo, la superstición sí podría jugar un cierto papel en nuestro destino[8]. Durante una de esas pruebas, los investigadores les dieron unas pelotas de golf a los participantes, quienes eran jugadores de golf, diciéndoles que esas eran pelotas de la "suerte". En otras pruebas, los golfistas tenían derecho a cargar sus propios talismanes de la suerte. Fue interesante que, en los dos experimentos, los jugadores que llevaban sus propios talismanes o las pelotas de la suerte tuvieron un mejor desempeño que los que no llevaron ningún talismán.

El hecho de que ellos tuvieran en su poder un amuleto de la suerte parecía darles a los golfistas mayor confianza en sus propias habilidades. Como resultado, ellos disfrutaron y mejoraron su desempeño. Mi conclusión es, entonces, que si un amuleto de la suerte o un talismán le funciona a usted, no hay ningún peligro en que tenga uno. Además opino que, lo que usted desea obtener en su vida es lo que en últimas obtendrá. Yo no tengo un amuleto de la suerte; pero, si a usted le funciona, téngalo.

Entonces ¿qué tiene que ver la suerte con un libro que habla sobre el futuro? ¿Estoy diciéndole que necesita suerte para ser exitoso? No, en ningún momento. Lo único que quiero decir es que sentirse con "suerte" puede influir positivamente en su mente subconsciente. En mi opinión, estos resultados no son solo interesantes, sino que demuestran que sus pensamientos pueden influir en sus resultados. Nuestros pensamientos se mantienen en nuestra mente inconsciente durante largo tiempo, pero podemos cambiarlos sin necesidad de un amuleto utilizando nuestra técnica del MPP de siete minutos.

En este capítulo aprenderá cómo hacer los cambios positivos para que se manifiesten físicamente en su vida. También aprenderá sobre cómo comenzar a materializar las metas que se ha puesto, o que está a punto de ponerse. A lo mejor usted ya ha leído otros libros acerca de pensamiento positivo; o habrá escuchado en vivo y en directo a algunos conferencistas hablar sobre la importancia de esta clase de pensamiento. Todos conocemos la importancia de mantener una mente y una actitud positiva. Y mientras que esta manera de pensar produce fruto en su vida, quiero que usted se dé cuenta de algo fundamental: el pensamiento positivo, en sí mismo, no lo convertirá en una persona exitosa.

En el capítulo anterior establecimos que, a menos que usted actúe, nada significativo ocurrirá en su vida y usted continuará como hasta ahora. El hecho de que usted haya avanzado hasta aquí en esta lectura demuestra que quiere triunfar, que anhela algo mejor para su familia y que va a actuar para lograrlo, ¿correcto?

He tenido amigos y conocidos que van por la vida *pensando* positivamente, *hablando* positivamente y *aparentando* ser extremadamente positivos. Sin embargo, jamás han podido demostrar ningún éxito en su vida. ¿Por qué? Porque sencillamente no han ejecutado acciones que los lleven a ser exitosos. No han utilizado su mente subconsciente para actuar e ir en pos de sus metas. ¿Qué es lo que hace a la gente pedazos? ¿Cuál es la diferencia entre aquellos que piensan positivamente y quienes piensan positivamente y además actúan para conseguir sus metas? Yo creo que existe otro elemento aquí del cual ya hemos hablado antes. Ya hemos hablado acerca de la importancia de visualizar. Ya comentamos acerca de cómo Tiger Woods visualiza sus jugadas y juega todo un partido de golf en su mente antes de entrar al campo, pero *¿qué más hace él?* Es bastante seguro que él no solo se contenta con visualizar lo que va a hacer, sino que también sale y juega.

¿Y qué más hace? Practica y practica y practica… ¡Y luego practica y practica más! Como cualquier otro profesional,

Tiger Woods y otros como él practican antes de actuar en el mundo real. No se ponen en riesgo sin tener ninguna clase de preparación. Con esto no quiero decir que usted se ponga en un riesgo físico, pero sí en un riesgo emocional o financiero.

Los seres humanos enfrentamos muchas clases de riesgos, pero en la mayoría de los casos, ese riesgo no es otra cosa que temor. Recuerde que temor (FEAR) es una Falsa Evidencia que Aparenta ser Real. Y como ya he dicho antes, la mayoría de lo que tememos que ocurra jamás ocurre. Ahora, tengo otro ejercicio para usted. Es simple y rápido.

EJERCICIO DEL CAPÍTULO CINCO

Me gustaría que en este momento visualice un tomate, un simple tomate. Ya sé que usted ha visto tomates muchas veces, así que puede decidir si es verde o rojo, si todavía está colgando de la mata o ya está sobre la mesa, si tiene unas pocas hojas o ninguna. Visualícelo como usted quiera. A lo mejor todavía está en el huerto; quizá no, tal vez ya está en un recipiente junto con otros tomates. No hay nada especial en ello, ¿no es cierto? Pero, espere...

¿Puede olerlo? ¿Es un tomate perfecto? ¿O ya está algo magullado? Ahora, me gustaría que comience a visualizar que lo están rebanando, usted o alguien más lo están partiendo en rebanadas, vea cómo lo parten. Imagínese todos sus jugos comenzando a salir y esparciéndose sobre la mesa.

Existe una razón para mostrar este ejercicio tan simple: yo quería que usted visualizara algo sencillo y estoy seguro de que cualquier persona puede visualizar ese proceso que acabo de describir. Y si usted puede visualizar un tomate, aunque sea por un instante, entonces **usted también puede visualizar y hacer realidad todo lo que anhela en la vida.**

Esto se debe a que la visión de lo que usted va a crear precede a su creación y al conjunto de acciones que va a ejecutar para convertir su visión en realidad. Los ejercicios que ha hecho hasta este momento son exactamente eso: ejercicio. Son los precursores para formalizar su plan de visualización y crear su MPP de siete minutos para cambiar su vida. Por lo tanto, esta simple visualización de un tomate es un paso muy importante para ayudarle a entender el procedimiento que vamos a utilizar.

No tenga miedo si al comienzo tuvo un poco de dificultad para visualizar el tomate. A medida que practique su costumbre de visualizar, le irá pareciendo más fácil, así como a Tiger Woods. Hasta el día de hoy él todavía continúa practicando para ser cada vez mejor, y ocurre lo mismo con cualquier otro profesional: a medida que practican su profesión, se van volviendo cada vez mejores. Con las técnicas que vamos a formular en lo que queda de esta lectura usted se dará cuenta de que sus temores se irán disipando y que comenzará a atravesar cada vez con mayor facilidad por este proceso. Si permite que el temor se apodere de usted, se dará cuenta de que ese sentimiento terminará por sabotearlo. ¡Y esto no es bueno para nadie!

Si usted comienza a creer que los temores que lo asedian son reales, es muy probable que entre en un "estado de indecisión", de parálisis y de deseos de posponer sus planes, todo lo cual no es otra cosa que autosabotaje. Muy a menudo, todos experimentamos temor de fracasar, e incluso de triunfar –como ya mencionamos antes. A lo mejor usted tiene un empleo relacionado con las ventas y tiene miedo al rechazo: hay un teléfono frente a usted y usted necesita hacer unas llamadas… Pero usted comienza a sentir como si el auricular pensara 500 libras y no pudiera levantarlo, sin importar que tanto lo intente. Usted siente miedo de la persona que está al otro lado de la línea, y de su rechazo. Quizá se le ha olvidado que lo que esta persona rechaza es la *propuesta* de la venta y no a *usted* como persona.

Si ocupa una posición en las ventas, u otra que requiera que haga llamadas telefónicas, o si necesita hablar con alguien o hacer una presentación o cosa por el estilo, recuerde que la gente a la que le está hablando no está siguiendo un escrito. La mayoría de las veces, ellos no saben todo lo que usted sí sabe, así que lo más probable es que su material de presentación sea nuevo para ellos. *Usted* es el experto. La persona al otro lado de la línea no sabe ni entiende lo que usted está diciendo; y para ser honestos, no es nada importante para ella. Además, usted necesita practicar su discurso frente a unas cuantas personas. No piense en el miedo que experimenta frente a la posibilidad de hacer el ridículo. Acepte que algunas personas le dirán que no y piense en ellas como "la gente frente a la cual usted está practicando".

Entiendo que el miedo al rechazo sea abrumador y real, yo también lo he sentido puesto que he estado en las ventas la mayor parte de mi vida y sé lo que es el rechazo. Para mí, el rechazo comenzó desde mucho antes de empezar a trabajar y entiendo que también le ocurrió lo mismo a mucha otra gente. Sin embargo, comencé a experimentarlo en el mundo de las ventas cuando tenía apenas nueve años de edad y vendía semillas y tarjetas puerta a puerta. Compraba todos estos artículos con mi propio dinero y la única manera de volver a tenerlo era si se los vendía a desconocidos, y yo no tenía ni la menor intención de perder mi dinero; no podía darme ese lujo.

Luego, comencé a ir de puerta en puerta vendiendo finca raíz y preguntándole a la gente si necesitaba vender su propiedad. Al principio era muy difícil, pero ¿qué sería lo peor que podría pasarme? Que alguien me tirara la puerta en mi cara; y sin embargo, casi nunca me ocurrió. A algunas personas les encantaba hablar sobre finca raíz, y a medida que fui conociendo más gente, y como solía llamar varias veces al año o más a las mismas casas, y mis clientes recibían algunos artículos que yo escribía y les enviaba, mis relaciones con ellos se fueron volviendo cada vez más amigables. Así que, en realidad, ese temor inicial era infundado, pero le diré que la mayoría de los corredores de bienes raíces no iban puerta a puerta; algunos lo hacían, pero no la mayoría; por lo tanto, yo tenía muy pocos competidores que aplicaran esta misma estrategia.

Es esencial que nos liberemos de las cadenas del temor y el rechazo porque, lo que en realidad ocurre es que el rechazo produce fortaleza. A medida que usted se vaya dando cuenta de que no existe razón para sentir temor, se irá convirtiendo en una persona cada vez más fuerte. Si se aferra con una gran pasión a lo que anhela tener, entonces aprenderá a usar el rechazo como su combustible para triunfar.

En los negocios, el rechazo se puede cuantificar. Aprendí este secreto cuando trabajaba en finca raíz. Comencé a trabajar con una comisión promedio por la venta de cada propiedad y aprendí a darme cuenta de la cantidad de personas que necesitaba contactar para conseguir una presentación y también aprendí a descubrir cuantas presentaciones necesitaba hacer para obtener un cliente que terminara en una comisión en mi bolsillo. Entonces dividía el número de contactos que hacía por la cantidad de dinero que ganara con una comisión promedio, y esta operación me permitía darle a cada "no" un valor monetario. De esa manera convertía cada rechazo en un escenario positivo porque ya sabía el valor de un no, y que cada no me llevaba poco a poco a obtener mi deseado "sí" –y junto con él, mi comisión.

Si usted está en el campo de las ventas, lo reto a cuantificar en dinero cada uno de los rechazos que reciba. En el mundo de la publicidad, los publicistas calculan la cantidad de dinero invertido con la cantidad de clientes que les genere cada campaña publicitaria y esa operación les muestra cual fue el "costo de la adquisición" de un nuevo cliente y además a partir de ahí también pueden cuantificar el tiempo promedio que permanecerá dicho cliente en su empresa y cuánto va a comprar. De esa manera cuantifican el costo de acuerdo a la inversión y a la adquisición; por ejemplo, si invierten $100 dólares para conseguir un cliente y le venden $300 durante cierto período, entonces saben que su inversión produjo un retorno de tres a uno. Dependiendo de su margen de ganancia, este podría o no ser un buen retorno, pero les permite darle un valor monetario a su adquisición.

Usted puede hacer lo mismo en el campo de las ventas o en cualquier tipo de negocio. Cuantifique el valor de cada "no" y luego conviértalo en un valor positivo. Honestamente, ¿qué sería lo peor que podría pasarle? Si lo piensa desde esa perspectiva, se dará cuenta de que sus temores son infundados. Es mejor haberlo intentado y fallar que nunca haberlo intentado.

Usted madura y aprende con cada intento, y si en realidad quiere avanzar, es crucial que se salga de su zona de comodidad. Enfrentémoslo, usted ha estado demasiado cómodo durante un largo tiempo y esa es la razón por la cual va en la mitad de este libro... Porque quiere saber cómo cambiar el estado de las cosas y salirse de la comodidad en la que se encuentra.

En algún momento tendrá que salirse de su zona de confort y esa decisión será parte de su crecimiento y de su reto. Es muy probable que la sola idea de hacerlo le genere temores, pero no se angustie porque, cuando le digo que se salga de su zona de confort, no le estoy pidiendo que la abandone de inmediato. Usted no necesita dar grandes pasos si todavía no está listo para darlos.

También está bien dar pequeños pasos para comenzar, si eso es todo lo que puede hacer. Como dice el dicho: "Un grifo que gotea también llena la tina"; en otras palabras, los pequeños pasos también lo alejarán de su antigua manera de vivir y lo conducirán hacia un futuro más brillante y mejor. Por ejemplo, si usted quiere convertirse en una persona que habla confiadamente frente a un auditorio de 200 asistentes, comience por hacer una presentación uno a uno, frente a un amigo, a su pareja, a su socio o a alguien que conozca muy bien y que le dé una retroalimentación positiva y honesta.

Ese podría ser el primer paso, si siente miedo. El segundo paso podría ser hacer una presentación frente a tres o cuatro personas y luego frente a un grupo más grande de amigos cercanos y colegas. Aumente poco a poco su auditorio e irá alcanzando su meta de hablar frente a 200 personas. Es cuestión de no atemorizarse cuando alguien le proponga hacer algo nuevo o distinto; cada jornada comienza con un primer paso.

Para hacer la presentación en la que usted se sienta cómodo y seguro también necesita conocer muy bien su material; es necesario que practique y que se visualice a sí mismo frente a un escenario lleno de gente. Otra manera de avanzar en su idea es prestándole cada vez mayor atención a que su mensaje sea excelente y se fije cada vez menos en usted mismo. Piense en el mensaje que está a punto de darles a sus oyentes. Usted lo conoce muy bien y sabe lo que quiere decir porque lo ha practicado; ahora es cuestión de prestarle atención a su mensaje y de asegurarse de que tiene valor para su audiencia. Dicho valor no tiene que ser en términos monetarios; también puede ser en términos de adquirir conocimiento.

Otra manera de controlar el temor es enfocándose en las oportunidades que surgen de cada reto. En cada desafío existe una oportunidad, siempre y cuando usted la busque. Piénselo. Si usted se enfrenta a un reto o a un obstáculo, y se dice a sí mismo: "Esto no está bien. Jamás podré afrontarlo", entonces ya comenzó mal puesto que, a menos que tenga en mente que va a hacer hasta lo imposible por lograr su objetivo, entonces estará automáticamente programando su mente hacia respuestas y actitudes negativas. Usted mismo está encargándose de apagar las respuestas positivas que le ayuden a lograr lo que se proponga[8].

Si a menudo usted se enfoca en todo lo negativo que le ha ocurrido, entonces su cerebro se apoyará primero en todo esto. Por eso es crucial que se disponga a entrenar su mente para que aprenda a visualizar el futuro positivamente. A medida que envejecemos, necesitamos mantener activo nuestro cerebro. La gente que hace crucigramas o se mantiene leyendo está entrenando su cerebro para que funcione adecuadamente a medida que envejece, lo cual ayuda a fortalecer la memoria y a prevenir ciertas clase de demencia. Incluso algo tan sencillo como ponerse el zapato izquierdo primero que el derecho, o viceversa, le abre nuevas posibilidades al cerebro. Si usted le dice a su cerebro con cierta frecuencia que usted "puede lograr lo que se proponga y que lo hará", su maquinaria se mantendrá bien lubricada y funcionando. Su MPP tendrá el mismo efecto y le abrirá nuevos caminos a su mente ayudándole a mantener su cerebro en buen estado, trabajando bien y en orden.

Mucha gente enfrenta retos a diario y sabe cómo convertirlos en nuevas oportunidades. Todos podemos aprender de esa clase de determinación. Imagínese que usted es disléxico y tiene dificultad para entender lo que le estoy diciendo. ¿Cómo haría para sacar adelante su negocio si no entendiera cifras ni datos escritos? Y sin embargo, a lo mejor usted no se da cuenta del hecho de que existe mucha gente disléxica que es bastante reconocida, como por ejemplo, Ann Bancroft, Alexander Graham Bell, Loretta Young, George Washington y Richard Branson, como para nombrar solo algunos.

Ninguno de ellos ha visto la vida de otra manera que no sea un conjunto de oportunidades lo suficientemente buenas como para agarrarlas con las dos manos. Sí, ellos han enfrentado muchos retos a lo largo del camino, pero se las han ingeniado para convertirlos en la mejor de las oportunidades. Y esa es una habilidad que usted también puede desarrollar... Identifique cada oportunidad que se presente en su camino. *No* deje de hacer algo por temor a los resultados. Hágase siempre la pregunta crucial: "¿Qué sería lo peor que podría pasar?"

En aquella época de mi vida en la que me encontraba sin ningún ingreso, sin dinero y sin un lugar a donde ir en el campo de la finca raíz dado que las ventas se vinieron abajo y toqué fondo hasta llegar a la bancarrota, necesitaba tomar una decisión con respecto a lo que iba a ocurrir con mi vida. Sentí mucho temor de no poder lograr lo que había soñado. Pero algo cambió dentro de mí cuando comencé a emplear las técnicas que estoy compartiendo con usted: comencé a tener menos temor sobre mi futuro y a sentir *más interés* por la nueva ruta que tomaría en mi camino. Y llegué a tal punto en que podía visualizar, sentir y saber a ciencia cierta que lo lograría. Sabía que me las ingeniería para llegar a mi lugar de destino y que alcanzaría mis sueños.

Para lograr eliminar el temor a triunfar, bien sea en el campo de las ventas o en el de las relaciones interpersonales, enfóquese en los demás, en brindarles un beneficio y en ayudarles cuando lo necesiten. Cuando usted se enfoca en otras personas, deja de enfocarse en sí mismo y la mayoría de sus temores se desvanece. Recuerde que la mayoría de la gente está sintonizada en la estación de radio QGYCE: "¿Qué gano yo con eso?" Cuando usted comience a pensar desde la perspectiva y desde el punto de vista de la otra persona, desde lo que ella cree acerca de su presentación o de la impresión que usted está causando con el servicio que le está brindando, observará un gran cambio en la respuesta de su interlocutor. Lo mismo ocurre con su trabajo cuando usted le provee a su jefe o a su empresa el mejor servicio posible. La gente generalmente se da cuenta de lo que usted tiene para ofrecer.

Esto es lo que ocurre cuando se trata de sintonizar la estación de radio de los demás y les contesta a la pregunta de "¿Qué gano yo con eso?" Una vez usted haya contestado esa pregunta, ya puede comenzar a pensar desde el punto de vista de los demás y de esta manera logrará darles lo que ellos necesitan. En mi opinión, este es el punto central de un negocio: darles a los clientes lo que ellos quieren, al precio que a ellos les parezca favorable, pero que también sea lucrativo para usted. Esa es una verdadera situación de ganar-ganar.

Si usted se siente nervioso con respecto a tener que hacer una presentación, o no logra prepararla, levántese de su escritorio y camine un rato, vaya dele una vuelta a la manzana. Reciba aire fresco y piense en algo que lo divierta. Puede ser descansando en la playa, jugando con su perro o disfrutando de un buen vino junto a sus amigos y socios. Piense en algo agradable a medida que camina y se dará cuenta de que se siente con nuevas energías que le generan más ideas que le ayuden a enfocarse. Además, piense un poco en lo que la otra persona quiere escuchar de usted durante su presentación.

Algunos optan por hacer un poco de ejercicio en lugar de caminar y también les funciona. Si usted se siente muy cansado, no se cohíba de acomodarse a dormir en su silla durante 10 o 15 minutos durante su tiempo de descanso. Procure recostarse un rato (si esto es permitido en su oficina). Se sorprenderá de la diferencia que logra gracias a un corto descanso en medio de un día productivo.

Si se da cuenta de que está un poco disgustado o de mal humor, entonces haga algo que le ayude a salir de ese estado de ánimo y no permita que lo controle. La técnica de visualización también es poderosa en este caso. E insisto: si usted toma pequeños descansos cuando está desarrollando una tarea tediosa, mejorará su estado de ánimo.

Cada persona reacciona de diferente manera ante diferentes situaciones cuando se trata de querer pasar de un estado de ánimo negativo a uno positivo. Yo amo la música alegre –algo energética, pop, divertida. Me genera optimismo. Cuando hago ejercicio, esta es la clase de música que me gusta escuchar porque estimula mi mente de una manera poderosa y positiva, y me siento motivado para esforzarme más, a trabajar más duro. Ya sé que, cuando me siento de mal humor o estoy un poco estresado, pongo mi lista de música favorita y de inmediato me siento mucho mejor. Recuerde que el pensamiento positivo es un aspecto importante para tener éxito en todos sus planes, pero sin acción, pensar positivamente no sirve para nada. Y sin visualización, tampoco.

Si usted fue capaz de visualizar ese tomate, entonces también es capaz de visualizar su vida. No hay nada que temer, excepto al temor mismo. Piense en nuestra pregunta clave: "¿Qué es lo peor que podría pasar?" Por lo general, muy poco. La persistencia vence en la mayoría de los casos. Sobrepóngase a cada obstáculo que encuentre en su camino, tantas veces como sea necesario; hágalo con entusiasmo y convicción. Verá que todos sus esfuerzos se convertirán en *grandes* logros. A medida que continuemos tratando el tema de visualizar su futuro y hacerlo realidad, usted entenderá que no estamos refiriéndonos al hecho de *vivir* en el futuro, sino a *convertir* sus sueños en realidad en un futuro.

Podemos vivir y actuar hoy con el fin de crear los resultados deseados en el futuro. Las personas exitosas entienden que existen obstáculos; sin embargo, no permiten que estos las detengan, sino que se centran en el futuro y en los resultados positivos que quieren lograr. Cada acción positiva y deliberada que toman a diario los conduce poco a poco hacia los resultados que ellos quieren alcanzar.

En el siguiente capítulo le mostraré cómo visualizar positivamente la realización del futuro que usted anhela, y a medida que hablemos de ello, usted irá viendo que su futuro comienza a manifestarse y también comenzará a comprender por qué.

"Comprométase con sus decisiones, pero sea flexible en su enfoque".

Tony Robbins

SEIS

Es su propio universo, ¡constrúyalo!

En el capítulo anterior hablamos acerca de cómo el pensamiento positivo en sí mismo no es la única clave para tener éxito. Es obvio que pensar positivamente sirve de mucha ayuda y es una herramienta poderosa; sin embargo, para triunfar se necesita de mucho más que solo pensamiento positivo. También hicimos nuestro primer ejercicio de visualización "viendo" un tomate partirse en rodajas. Esta clase de visualización se convertirá en la parte fundamental para hacer realidad *todo* lo que usted quiera lograr. A medida que comience a alcanzar sus metas y objetivos, todo aquello que tanto desea, espera y visualiza se irá manifestando y convirtiendo poco a poco en su realidad. Se dará cuenta de que, no solo cumplirá todas sus metas, sino que las cumplirá fácilmente; todo por el simple hecho de que, a medida de que usted las visualiza, se le irán convirtiendo en realidad.

Por supuesto que aceptamos que nuestro mundo está gobernado por las leyes físicas del universo. Por ejemplo, la Ley de la Conservación afirma que la materia no se crea ni se destruye, sino que se transforma. También sabemos que todo está compuesto por electrones y neutrones vibrantes. Incluso cosas que parecen ser sólidas, de hecho, están en constante movimiento. Y esta es la Ley de Vibración. ¿Por qué es importante todo esto? Bueno, en el contexto de este libro adaptaremos el uso y las consecuencias de estas leyes, el poder significativo de la Ley de la Atracción, la Ley de la Relatividad y la Ley de la Abundancia, como para nombrar solo unas pocas. Y aunque no es exactamente comprobable en el mundo científico, yo las he visto en acción una y otra vez y conozco su efecto. Tengo fe en que ellas no solamente existen, sino que siempre nos rodean. Por eso necesitamos decidir que las utilizaremos para nuestro beneficio.

Cuando usted pone todos estos conceptos en conjunto se da cuenta de que el universo cuenta con todo lo que usted necesita y está esperando a que usted busque la manera de conectarse con él y atraiga hacia sí todas las metas que se proponga. Utilizando las técnicas propuestas en este libro, junto con su MPP de siete minutos, usted se conectará con esa energía que lo convertirá en un imán que atrae todo lo que desea. Una vez que usted se haya "conectado" con la energía del universo, con esa fuerza, con esas vibraciones, estará unido a los elementos del universo que le ayudarán a lograr todo lo que quiera. Si esta es la primera vez que usted está escuchando o aprendiendo sobre este tema, pensará que estoy diciendo locuras. A lo mejor creerá que "este tipo está fuera de sus casillas". Sin embargo, le aseguro que todas estas técnicas funcionan. Las he visto obrando en mi propia vida y en la de mucha gente.

Muchas personas han creído en estas leyes del universo durante muy largo tiempo. Ralph Waldo Emerson se refería a esto como a la "Ley de la Compensación". Si usted quiere que algo bueno ocurra en su vida, entonces necesita saber qué acción hará que esto ocurra y después actuará. Y por el contrario, si algo malo está ocurriendo y usted quiere que deje de ocurrir, entonces necesita saber qué lo está ocasionando para dar los pasos necesarios para poder detener dicha acción. La aplicación correcta de algunas de estas leyes puede cambiar su vida para siempre.

Créalo o no, algunas de estas leyes van más allá del año 2000 a.C., cuando fueron escritas por los antiguos egipcios[10], y han sido objeto de miles de libros a través de los siglos. Si usted está decidido por completo a obtener de la mejor manera posible todo lo que escribió en su lista, entonces ya va en mitad de camino al leer este libro. Estas leyes –como la de la gravedad– *están en movimiento*, bien sea que usted tenga conocimiento de ellas, crea o no en ellas y las utilice o no a su favor, lo cierto es que casi siempre gobiernan la forma en que evoluciona su vida; usted puede estar seguro de que estas leyes siempre operan. Jamás se prenden ni se apagan de acuerdo a sus deseos. Por ejemplo, la Ley de Gravedad continuará funcionando incluso si usted se echa a rodar cuesta abajo; que usted vaya en contra de la gravedad ¡no significa que esta deje de funcionar!

Entender las leyes del universo le permitirá tomar mejores decisiones, y al hacerlo, usted estará guiando su vida con todas sus capacidades. La Ley de la Abundancia es bastante interesante. En *Little Money Bible: the Ten Laws of Abundance*, Stuart Wilde afirma que es nuestro "derecho de nacimiento" ser ricos y explica 10 leyes con las cuales sustenta su afirmación[11]. Yo explico esta ley de esta manera: no importa hacia donde se mire, la abundancia es una norma aplicada en todas partes de la naturaleza; la abundancia es una *norma*. Las plantas y los animales proliferan por todas partes y al mismo tiempo hay flujos y reflujos debido a otros fenómenos naturales como los incendios y las inundaciones. La naturaleza está casi siempre en equilibrio, cuando no es invadida por el hombre. Nuestro trabajo es permitir que esa abundancia venga a nuestra vida y nos invada, esperarla y disfrutar de ella.

Piense en todo lo que lo rodea: hay miles de millones de células que componen su cuerpo, miles de millones de semillas presentes en un bosque y un inimaginable número de moléculas de hidrógeno que constituyen el sol. La creación de casi todo lo que se manifiestan en la vida comienza con pensamientos, y por lo tanto cualquier cosa se hace realidad cultivando los adecuados pensamientos. He visto que el universo no discrimina sus pensamientos. Es decir, que si sus pensamientos se centran en todo lo que le hace falta en su vida y se quedan atrapados en la negatividad, eso será lo que atraerá, y en abundancia. Sin embargo, si usted se centra en alcanzar el éxito que desea, y en tener todo aquello que tanto anhela, entonces eso será lo que atraerá, y también en abundancia. Es, por lo tanto, una necesidad estar en armonía con todo lo que sea posible en el universo y lo logramos centrándonos en lo que queremos que se haga realidad en nuestro futuro. Su MPP de siete minutos sirve precisamente para eso.

La Ley de Causa y Efecto afirma que todo en este mundo ocurre por una razón y que por toda causa hay un efecto y por todo efecto también hay una causa[12]. Todo lo que ha ocurrido hasta el momento en su vida (los efectos) ha ocurrido debido a algo que usted hizo o no hizo (las causas). Entienda que su mente es la "causa" más fuerte y poderosa que existe en el mundo. Recuerde que comencé este libro destacando el hecho de que estamos donde estamos como resultado de todas nuestras decisiones pasadas. Sus pensamientos y todo su mundo interior son los que cambiarán sus circunstancias externas. Y usted utilizará la Ley de la Causa y el Efecto para generar un cambio interior. Cambiar significa pasar de ser una *víctima* de las circunstancias a ser el *creador* de ellas; utilice esta ley al máximo en su propio beneficio siendo selectivo y cuidadoso al elegir sus pensamientos e imágenes para programar su mente subconsciente.

Cuando usted piensa con cuidado en todas las cosas que quiere, y las une a un sentimiento, estas comienzan a manifestarse en su vida. Inexorablemente, y casi que inevitablemente, el mundo exterior lo premiará con los regalos de todo aquello en lo que usted se ha enfocado mentalmente.

Otra ley para tener en cuenta es la Ley del Crecimiento. La Teoría de la Gran Explosión calcula que esta ocurrió hace más o menos 13.8 billones de años, y por lo general se ha aceptado que desde ese momento el universo ha continuado creciendo. De hecho, hace poco quedó demostrado que la tasa de crecimiento del universo se ha ido acelerando, aunque hace años atrás se pensó, pero no se comprobó, que el universo se estaba reduciendo[13]. En esencia, usted es como el universo y continuará creciendo a lo largo de su vida, pero lo importante es cómo crece, y no solo desde el punto de vista físico. Usted debe saber que las células del cuerpo crecen y mueren a diario. De hecho, en un período de siete años no habrá una sola célula de su cuerpo que no haya sido renovada desde el inicio de ese periodo.

Aprenda a reconocer que todos los eventos de su vida han ocurrido por una razón. Esa razón es crecimiento, a sabiendas o sin saberlo. Hay quienes eligen aprender de todo lo que les ha ocurrido; pero otros deciden no aprender la lección; usted elige. Ya habrá notado que ciertas circunstancias siguen repitiéndose una y otra vez en su vida. A lo mejor ha tenido rompimientos similares en sus relaciones o siempre siente que no tiene el dinero suficiente. Si esto le suena familiar, a lo mejor quiera tomar nota de la lección que el universo está tratando de enseñarle. Pregúntese: "¿Qué necesito aprender para lograr bienestar espiritual y físico?" Al hacerlo se abrirá y traspasará las cadenas que lo mantienen atado a su actual manera de pensar.

En la Ley de la Relatividad percibimos las cosas como buenas o malas, de acuerdo a la manera en que estén relacionadas con algún otro evento; necesitamos utilizar una "vara" para compararlas. Sin embargo, es su pensamiento el que hace que la situación parezca buena o mala. Si usted cambia su punto de vista, verá la situación de manera distinta. Las percepciones de cada circunstancia también pueden variar; si usted lo piensa, dos minutos pueden parecer interminables si usted está esperando que alguien salga del baño porque necesita entrar con urgencia. Por el contrario, esos mismos dos minutos podrían desaparecer en un instante cuando usted está haciendo algo que disfruta como caminar por la playa con sus seres amados. La Ley de la Relatividad también significa que estaremos en circunstancias que van más allá de nuestro control, aunque las decisiones que hayamos tomado nos hayan llevado a ese lugar o situación. En ese momento debemos dejar ir lo que sea que haya pasado, el evento o la situación que sea y volver a encauzarnos en nuestra meta utilizando nuestro MPP para que nos ayude a continuar hacia el logro de nuestros objetivos. Algunos dicen que "todo ocurre por una razón", y es a esto precisamente a lo que se están refiriendo. Acepte las circunstancias que no puede manejar, y si logra averiguar cuál fue la razón por la que ocurrieron, magnífico. Si no, no se quede lamentándolo y continúe hacia adelante; ya lo entenderá con el paso del tiempo.

Todos nos hemos visto en circunstancias difíciles una y otra vez, pero usted puede utilizar la Ley de la Relatividad para ayudarse a percibir y sentir las cosas y las situaciones de una manera distinta. Mucha gente se enfoca en la dificultad de sus circunstancias; usted: enfóquese en cómo le gustaría que fuera su vida. Recuerde en lo que afirma la Ley de la Atracción; ¡y usted no quiere enfocarse en nada negativo!

Algunas personas a lo mejor se encuentran en situaciones muy similares, pero han decidido sobreponerse a ellas porque han atravesado circunstancias muy distintas por el simple hecho de que se mantienen enfocadas en sus objetivos. Usted necesita tomar el control de su manera de percibir sus circunstancias. Si se da cuenta de que sus sentimientos no lo están empoderando, entonces cámbielos.

La Ley de la Polaridad le ayudará a entender que por toda acción surge una reacción; en otras palabras, existe un opuesto para todo. Alégrese en el hecho de que, si algo malo de ocurre, usted puede descansar recordando que, de acuerdo a la Ley de la Polaridad, la cual afirma que todo tiene su opuesto, también debe haber algo positivo en medio de sus circunstancias[14]. Sin embargo, es cuestión suya identificar qué es eso positivo que le está ocurriendo en medio de la dificultad. No se sienta atrapado pensando que las cosas son solo blancas o negras; nunca olvide que existen muchos matices de grises en el espectro de los colores. Aprenda a explorar las posibles soluciones que pueden y deben existir entre dos opciones distintas.

La Ley de la Manifestación afirma que, así como el tiempo sigue su curso cuando se siembra una semilla y está germina, crece y florece, lo mismo ocurre con sus pensamientos. A lo mejor usted ya está utilizando todas las leyes anteriores y ahora se siente frustrado con la velocidad en que las cosas están cambiando. Acepte que usted se encuentra en estado de "embarazo". Tenga paciencia mientras continúa trabajando hacia sus metas y en algún momento "dará a luz" y tendrá el resultado que espera. Tenga fe en la Ley de la Manifestación.

Aunque su realidad actual sea una cuenta vacía en el banco, baja autoestima o falta de ventas en su profesión de vendedor, usted no quiere que todo eso se interponga en su futuro éxito; usted no puede permitir que eso pase. Su MPP le sirve para ayudarle a crear una nueva realidad. Sin embargo, primero debe generar un *pensamiento*, un *plan*; luego, comience a moverse en dirección de esta nueva realidad.

Ya hemos creado los primeros aspectos de una base sólida en su vida mediante los ejercicios que ha realizado hasta este punto de la lectura. A partir de ahora vamos a construir sobre todo lo que ha hecho hasta este punto. Usted no va a dejar que resultados anteriores dictaminen los resultados de su futuro porque el pasado no importa. Lo que está hecho, está hecho.

Recuerde, ahora usted está mirando hacia adelante, no hacia atrás. Cuando ponga en práctica esta metodología, se dará cuenta de que todo aquello que ocurrió en el pasado ya no importa. Incluso los fracasos de los cuales usted aprendió la lección tampoco importan. Acepte que ha estado adquiriendo experiencia, pero, que de ahora en adelante va a hacer movimientos positivos que lo lleven hacia el cumplimiento de sus objetivos. Observará que es muy simple entrenar su mente subconsciente y consciente para continuar hacia adelante; sin embargo, no siempre es fácil porque se requiere de compromiso. Todo lo que vale la pena requiere de compromiso.

Usted no estará forzándose a sí mismo para ir en pos de todas estas cosas, sino que simplemente avanzará en una actitud positiva, la cual se hará cada vez más frecuente a medida que usted implemente mis técnicas.

Con frecuencia algunas personas tienen una tendencia a permitir que sus pensamientos sean negativos, pero lo interesante acerca de la mente subconsciente es que puede ser entrenada tanto positiva como negativamente. Esta tiene la habilidad de convertir en realidad cualquiera que sea sus pensamientos dominantes, aquello en lo que usted *más piensa*. Con su MPP estaremos reprogramando su mente subconsciente y de esa manera usted avanzará y tomará las decisiones adecuadas y las acciones positivas que lo llevarán hacia donde usted quiere ir.

Cuando vea los resultados y desarrolle la certeza de que puede programar su mente subconsciente, usted se convertirá en una persona incombatible e imparable. Se dará cuenta de que no existen limitaciones. Será capaz de hacer cosas que en el pasado no hubiera pensado ni imaginado hacer.

Algunos de los pensamientos negativos que a lo mejor persisten en su mente muy probablemente provienen de cosas que no le gusta hacer, que siente que preferiría no hacer. A lo mejor sean tareas cotidianas como pintar una cerca, limpiar su baño o hacer tareas domésticas. Quizás usted no disfruta lavando su carro o siendo el hada mágica de la lavandería que lava, seca y plancha la ropa ¡y luego hace que todo luzca en su lugar! Créame, todos somos muy parecidos cuando se trata de hacer estas labores. La mayoría de nosotros no quiere hacerlas, pero entendemos que son inevitables. Debe haber cosas en su vida que no le gusta hacer, pero cuando usted piensa con lógica, sabe que tiene que hacerlas. Tal vez una de las razones por las cuales ha tenido temor a seguir adelante es porque no quiere herir a nadie o hacer algo que no le gusta.

Lo cierto es que hay cosas que debemos hacer, nos gusten o no. Y si esto significa alejarse de alguien que lo retrasa, pues que así sea. Eso no significa que usted sea una persona mala ni cruel; lo único que significa es que está dando los pasos necesarios hacia una vida mejor para usted y para su familia. Recuerde que nadie cuidará de usted ni de sus intereses de la misma manera en que usted debería hacerlo. Si la gente tuviera el coraje de saber lo que el futuro le depara, muchos harían lo que usted está a punto de hacer y no se quedarían en la situación en la que se encuentran.

Le recomiendo que, en cuanto a las tareas y otras actividades que no le gusta hacer, procure que una de sus metas sea pagarles a otras personas para que las haga por usted con tal de liberar su mente y su tiempo para dedicarse a cosas que sí son importantes en su vida. De esa manera usted está en función de lo que en realidad le gusta hacer. Por supuesto, se requiere de dinero; pero a medida que usted vaya alcanzando más éxitos, también podrá pagarle a alguien que haga todo lo que usted ha elegido no hacer.

Descubrirá que su tiempo se ha vuelto más valioso que los pocos dólares que invertiría para tener a alguien que limpie su casa y su carro; que pinte su cerca. A medida que sus ingresos aumentan, usted se dará cuenta de que se vuelve cada vez menos productivo que sea usted mismo quien desempeñe todas esas tareas.

Nuestro cerebro es bombardeado todos los días con mensajes tanto positivos como negativos, provenientes de diferentes fuentes. Ya sea que usted trabaje con colegas a su alrededor, o que esté observando una propaganda en la televisión, o que la escuche en la radio, todos estamos siendo constantemente bombardeados con mensajes innecesarios e improductivos. Por eso es importante que entrenemos nuestra mente consciente para que se deshaga de todos esos mensajes y así poder llenarla con la clase de mensajes con los que queremos actuar.

En lugar de dejar que algunos de esos mensajes entren en su mente y tomen control de su vida, de ahora en adelante *usted* va a ser el responsable de todos los mensajes que quiera que vayan a su mente. Usted puede hacer realidad sus sueños y ser exitoso.

Su MPP es la clave para desarrollar las conductas que usted quiere implementar en su vida, las cuales representan los pasos que debe dar para alcanzar el éxito. Tener ideas claras es la manera más efectiva de avanzar con rapidez hacia sus metas porque usted estará en capacidad de trabajar de manera más efectiva e inteligente que sus supuestos competidores.

Una vez usted entienda esa gran verdad tendrá muy pocos competidores en su campo de acción ya que mucha gente no trabaja arduamente. Es muy fácil sobresalir y destacarse más que alguien que apenas trabaja *lo suficiente* como para que no lo despidan de su empresa; y en retorno la empresa le paga *lo suficiente* como para que ese sujeto no se vaya. Después de todo, contratar a alguien más implica un costo adicional para la compañía; entrenar a otra persona suele ser muy costoso. Por lo tanto, usted no tiene que trabajar muy duro ni ser más inteligente que sus colegas para destacarse. Todo depende de sus deseos y expectativas; de qué tan clara sea su visión de lo que desea lograr. Un deseo sin expectativas o acción no es más que una ilusión.

Parte de convertirse en una persona exitosa es aprender cómo manejar el tiempo ya que es unas de las constantes finitas con las que tenemos que trabajar. Así como todos vivimos bajo las mismas leyes universales, también todos tenemos la misma cantidad de minutos y horas diarias. ¿Qué tan efectivamente utiliza usted su tiempo?

En este momento, a lo mejor se siente como si no tuviera la suficiente cantidad de horas durante el día porque siempre va de un lado para otro; pero ¿sería posible que parte de ese tiempo lo dedicara a avanzar en sus metas? ¿Qué tendría que hacer para lograrlas? ¿Cómo podría saber si está invirtiendo tiempo innecesario en cosas innecesarias?

A medida que sus ingresos aumenten usted estará en la capacidad de emplear a otros para que hagan las labores que usted no disfruta hacer; pero hasta entonces, necesita identificar en qué está invirtiendo su tiempo para que pueda hacer los cambios necesarios e invertirlo mejor. Es crucial identificar sus prioridades, así como todo aquello que le hace perder el tiempo.

En el Capítulo Cuatro, cuando usted escribió la lista de todo lo que hace cada cinco minutos ¿se dio cuenta de qué manera estaba invirtiendo su tiempo? ¿Observó cuánto tiempo perdía en actividades improductivas? ¿Invertía en ellas su tiempo o era solo cuestión de minutos aquí y allá? ¿Podría detectar en qué parte de su agenda tiene más tiempo para realizar algo productivo que lo lleve a cumplir sus metas? Por lo general, me doy cuenta de que, cuando la gente hace este ejercicio, encuentra un mínimo de 30 minutos diarios que podría estar utilizando de manera más efectiva. Con frecuencia, si es totalmente honesto consigo mismo, usted tiene más de 30 minutos para trabajar en sus metas.

Por supuesto, es importante que también tenga un tiempo para sí mismo, para no hacer absolutamente nada y relajarse. Todos necesitamos recargar nuestras baterías, pero trate de asegurarse de haber terminado todas sus actividades esenciales antes de pensar en descansar.

Tome nota de qué tanto tiempo pierde en su trabajo. A lo mejor gasta cinco minutos aquí y allá navegando en internet, contestando correos personales y en cosas como esas. Todos esos son distractores que le hacen perder el tiempo y necesita identificarlos. Mucha gente se asombra de ver cuánto tiempo pierde y qué tan poco trabaja productivamente. Utilice todos y cada uno de los momentos con un propósito específico, incluso aunque el propósito sea descansar.

Cada vez que desperdiciamos tiempo nos estamos retrasando en el cumplimiento de nuestras metas. Si usted tiene 15 minutos libres y quiere invertirlos descansando, ¡magnífico! Usted siente que necesita ese descanso y por lo tanto está utilizando su tiempo de una manera sabia. ¿Ve la diferencia?

Si no puede ser honesto consigo mismo con respecto a lo que está haciendo hoy, entonces ¿cómo hará los cambios que le ayuden a llegar a donde quiere? Por ejemplo, cuando esté planeando su tiempo, sea preciso en su horario; por ejemplo, si tiene una cita a la 1:00 pm y se demora 20 minutos en llegar al lugar de la cita, no la escriba en su calendario a la 1:00

pm, sino a las 12:40 puesto que sabe que gasta 20 minutos en llegar a su destino. Además, es probable que gaste otros 20 o 30 minutos para preparar todo lo que necesita para que su cita sea fructífera, así que también debería programar el tiempo requerido para esa preparación.

Así de efectiva es como debe ser su manera de administrar su tiempo porque marcará una gran diferencia en su vida si quiere comenzar a obtener mejores resultados de los que está obteniendo en este momento. Muy probablemente usted sabe que no ha dedicado el tiempo para comenzar su propio negocio o para hacer algo que le genere un ingreso adicional. Encuéntrelo. Utilizando un horario acertado es muy probable que encuentre el tiempo para hacer lo que en realidad le genera resultados positivos.

Ya he dicho antes que los semejantes se atraen, por lo tanto usted querrá estar rodeado de gente que piense como usted, que tenga ideales e integridad. Busque la manera de ayudar a los demás para que le ayuden a alcanzar sus sueños. Adquiera mayor conocimiento mediante libros, programas de televisión y películas; deje de mirar novelas baratas y programas que no le aportan conocimiento.

Nadie está diciendo que usted no puede tener un tiempo de descanso diario, pero procure ponerlo a producir aprendiendo algo que le ayude a avanzar hacia sus metas. Conviértase en una persona que sabe escuchar. Este es un gran atributo; a medida que usted escucha, muchas ideas comienzan a aflorar en su mente; por eso a veces es bueno permanecer en silencio. No sienta que tiene que llenar esos silencios; utilice ese tiempo para pensar y sumergirse en lo que su interlocutor le esté diciendo.

Cuando usted se encuentra en nuevas situaciones es importante involucrarse en la conversación, pero asegúrese de que no sea usted quien domina la charla; solo participe en ella. En situaciones de venta siempre es mejor estar haciéndole preguntas a su prospecto para darse cuenta de si él tiene una necesidad y su producto podría suplírsela. Recuerde que, quien hace las preguntas es quien está en control de la conversación.

Escuchar es, infortunadamente, una habilidad casi siempre devaluada. La habilidad de escuchar con atención significa que usted, no solo sabe recibir mensajes de la manera adecuada, sino que además tiene una mejor oportunidad de interpretarlos correctamente. Saber escuchar sirve para mejorar todo el proceso de comunicación. También es la clave para disfrutar de una comunicación efectiva. Si usted no practica su habilidad para escuchar de manera efectiva, entonces los mensajes que reciba podrían ser malinterpretados. Y allí es donde se rompe la comunicación y la persona que habla se siente irritada y frustrada.

"Tenemos dos oídos y una boca por una razón".

Anónimo

De hecho, aprender a escuchar es tan importante que hoy en día muchos empleadores famosos les proveen a sus empleados, y a los aspirantes a serlo, un programa de entrenamiento en el arte de saber escuchar. No deberíamos sorprendernos pues es de opinión pública que una persona con la habilidad de escuchar sabe cómo satisfacer a su clientela, genera mayor productividad, comete menos errores y sabe compartir información, lo cual se convierte en más ideas innovadoras y en un mejor desempeño.

Muchos empresarios exitosos cuentan que su éxito se debe en gran parte a su gran habilidad para escuchar. Richard Branson dice con frecuencia que "la habilidad para saber escuchar es uno de los factores principales detrás del éxito de Virgin". Saber escuchar productivamente es necesario para desarrollar toda clase de relaciones positivas. Medite en su habilidad para escuchar; piense en que la capacidad para escuchar con cuidado lo que *no* le dicen es tan importante como escuchar lo que *sí* le dicen. Aprenda a reconocer el lenguaje corporal porque esa es una muy buena herramienta en la sicología de las ventas y en el mundo de los negocios. Invierta tiempo desarrollando su habilidad para saber escuchar; le servirá para triunfar.

A medida que mejora sus habilidades para escuchar y visualizar, se irá dando cuenta de que las cosas comenzarán a salir como las quiere. El universo estará abierto y dispuesto a generar oportunidades a su favor porque no hay nada en este mundo que permanezca estático. Recuerde: si usted no está avanzando hacia sus metas, entonces lo más probable es que se esté alejando de ellas.

A medida que su mente subconsciente comience a trabajar para acercarlo a sus objetivos, todo se irá acomodando en su lugar de una manera o de la otra. Por supuesto que usted necesita actuar, y que cada acción requiere de decisión, la cual a su vez genera confusión y a veces usted no sabrá en cual dirección seguir. Además, usted debe tomar decisiones y actuar basado en ellas para avanzar en sus planes sin sentir temor.

"El miedo sofoca nuestro pensamiento e inunda
nuestras acciones.
Genera indecisión y el resultado es el estancamiento.
He conocido gente talentosa que prefiere posponer
indefinidamente antes que arriesgarse.
Las oportunidades perdidas erosionan la confianza
y así comienza el espiral descendente".

Charles F. Stanley

Ahora avanzaremos hacia la parte más emocionante de este libro, una que sé que usted ha estado esperando y que le encantará. En el siguiente capítulo exploraremos sobre cómo hacer realidad sus deseos y metas en las diversas facetas de su vida y cómo saber con exactitud qué es todo aquello que usted quiere lograr. Me muero por comenzar ¿y usted?

"La educación formal le dará para vivir.
Lo que usted aprenda por sí mismo le dará una fortuna".

Jim Rohn

SIETE

Atraiga sus metas

En el Capítulo Seis establecimos que todo lo que usted necesita para alcanzar sus metas y ser exitoso se encuentra en el universo. En este capítulo seguiremos explorando las leyes bajo las cuales vivimos. ¿Por qué estoy invirtiendo tanto tiempo en ellas? Porque no tenemos otra opción que vivir bajo su efecto. Son una de esas pocas cosas en la vida sobre las cuales no podemos escoger. Sin embargo, la buena noticia es que podemos utilizarlas con todo su poder para nuestro beneficio. Solo necesitamos acercarnos a ellas, y eso es exactamente lo que su MPP hará por usted.

También establecimos cómo el poder de estas leyes universales nos sirve para convertir en realidad todo lo que deseamos. Ahora, vamos a dar un paso adelante y hablaremos sobre cómo convertir estas leyes en "un imán que atraiga nuestras metas". Literalmente, le ayudaremos a atraer sus metas hacia usted. Usted las escribirá mediante un mensaje específico dirigido a usted mismo que le ayudará a convertirlas en realidad, y que le dará algo tangible sobre lo cual enfocarse.

La Escuela de Negocios de Harvard desarrolló un estudio sobre cuál era el estatus financiero de sus estudiantes 10 años después de su graduación. Los resultados, como dice Michael Masterson en su libro publicado en el 2010, *The Pledge*, lo sorprenderán: el 27% de los antiguos estudiantes de esta prestigiosa institución necesitó ayuda financiera; el 60% estaba viviendo del cheque de su salario mes tras mes; el 10% vivía cómodamente y solo el 3% había alcanzado su libertad financiera[15]. Más aún, y aquí es donde el resultado se vuelve todavía más interesante, el 27% que requirió de ayuda financiera no tenía metas precisas que alcanzar. El 60% que vivía mes a mes solo tenía metas para sobrevivir, como por ejemplo, manejar sus cuentas y pagar sus deudas. El 10% que vivía confortablemente sabía hacia donde se dirigía y tenía planes sobre donde querían estar en los siguientes cinco años de su vida. Sin embargo, lo más impactante tiene que ver con la gente que era financieramente independiente: ese 3% había escrito sus metas junto con todos los pasos que se requerían para alcanzarlas.

Los resultados de este estudio demuestran que, para alcanzar sus metas, no solo es necesario mantenerlas en su mente, sino establecer un plan de acción y unos pasos a seguir que le ayuden a lograrlas. Esto confirma todo lo que hemos dicho aquí hasta el momento. Hace años, durante la época en que trabajé en finca raíz, yo solía tener una agenda en la cual planeaba cómo utilizaría mi tiempo y me di cuenta de que, para mí, esa era una herramienta bastante efectiva. Encuentre algunas ideas sobre cómo manejar su tiempo en daytimer.com.

En este libro no me centro únicamente en mostrarle al lector cómo establecer unas metas. También le estoy mostrando con exactitud lo que yo hice para alcanzar mis propias metas y lo invito a hacer lo mismo. Entienda que, cuando usted escribe sus metas, las palabras que utiliza para describirlas deben ser relevantes. Usted necesita escribir sus ideas de una manera específica, de tal manera que ellas mismas se encarguen de pasar de su mente consciente a su mente subconsciente y entonces esta comenzará a trabajar de inmediato en ellas, lo cual, en su momento, causará que ellas se manifiesten en su vida de maneras que usted nunca esperó. La mayor parte del tiempo la gente atrae cosas a su vida por accidente y no tanto por elección. Si miramos algunas de las definiciones de los términos que vamos a estar utilizando, usted comenzará a desarrollar una idea más específica de qué es lo que usted va a lograr.

Permítame ilustrar lo que quiero decir con respecto a elegir las palabras. En los siguientes ejemplos estoy utilizando solo una de las varias definiciones que aparecen en los diccionarios puesto que contienen tres o cuatro; pero esa elección tiene un propósito.

"En este momento de su vida, usted está trabajando para desarrollar disciplinas que lo están acercando a la realidad que tanto añora; si no es así, entonces simples errores de juicio deben estar alejándolo de sus metas".

Jim Rohn

Plan es "un proyecto específico o un propósito definido". ¿Qué significa eso? Nos reitera que un plan es *específico* y *con un propósito*. Es interesante cuando ponemos en contexto los otros aspectos de su futuro a los cuales estamos dándoles un vistazo.

Meta es "el resultado o logro de algo que nos hemos esforzado en obtener; es un objetivo o fin". Si usted lo piensa, eso es precisamente lo que está buscando, y muy pronto enfocaremos todos sus esfuerzos hacia esa meta. Esta definición está totalmente alineada con lo que hemos estado hablando a lo largo de esta lectura.

Ilusión es "una visión que tenemos de algo estando despiertos". Por supuesto, los sueños solo ocurre cuando estamos dormidos; ahí es cuando su mente subconsciente está haciendo un enorme trabajo mientras usted se dirige hacia su meta. Sin embargo, observe que el diccionario dice: *estando despiertos*. Eso significa que usted tiene la capacidad de imaginar algo, tal como lo desea, cuando está despierto. Usted está manifestando este sueño, esta visión, para sí mismo; y al hacerlo, también está entrenando su mente subconsciente para convertir ese sueño en realidad, para que le ayude a avanzar hacia él y para hacer que su sueño también avance hacia usted.

Tarea es "un trabajo específico que se espera de una persona". Estas tareas diarias van a ser las que usted mismo se asigne en el cumplimiento de sus metas. Cuando ponemos todo esto junto, ya tenemos un plan, una meta, un sueño y una tarea. Día a día sus tareas lo irán moviendo cada vez más hacia sus metas.

Basado en mi experiencia puedo decirle que todo comenzará con su ilusión o visión, con eso con lo que usted sueña despierto. Inspirado en esa visión, usted definirá su meta; luego, diseñará su plan, seguido por las tareas requeridas para llevarlo a cabo y alcanzar su meta. Estos cuatro elementos se mezclan entre sí para ayudarle a convertir en realidad todo lo que usted anhela.

Antes de avanzar hacia la siguiente etapa de su plan es crucial que decida qué es aquello específico tan importante para usted. Este no es el momento para vaguedades ni para sentir inseguridad. En el Capítulo Dos le pedí que escribiera todo lo que le gustaría lograr o hacer en el futuro. Ahora le pido que sea extremadamente específico. No puede decir: "Quiero mucho dinero". "Deseó tener $10 millones de dólares". Amasar una fortuna es una meta estupenda; sin embargo, usted necesita tener una idea concreta con respecto a lo que va a hacer con ella, para qué la necesita. Observe la lista que escribió y comience a elegir qué quiere obtener primero y para cuándo. Sea preciso. Necesita mucha precisión con respecto a las cosas que quiere lograr y al tiempo en que quiere tenerlas; especifique.

Es esencial que, cuando comience a escribir sus metas y a generar su MPP, sus ideas y sus frases sean afirmaciones positivas que actúen en la naturaleza porque ellas son las que lo llevarán hacia todo lo que quiere obtener. El ejercicio en este capítulo es para que usted estudie la lista que tiene y tome de ella todo lo que quiere alcanzar durante los próximos dos años —en los siguientes 24 meses.

EJERCICIO DEL CAPÍTULO SIETE

¿Qué quiere lograr en los siguientes dos años? Observe las siguientes categorías y organícelas según sus prioridades: salud, finanzas, desarrollo personal, relaciones.

Si usted trabaja en ventas, ¿cuántas ventas va a hacer en el siguiente año y qué ingreso le generarán? ¿Va a comenzar algún negocio a tiempo parcial? ¿Qué clase de negocio? Si no está en las ventas, decida en qué aspecto de su vida quiere trabajar y conviértalo en su próxima meta.

Analice con mucho cuidado todas las posibles áreas en las cuales quisiera trabajar durante estos 24 meses que siguen.

Una vez que haya organizado su lista de metas, escriba dos o tres tareas que necesitaría ejecutar para alcanzar cada una de sus metas. Algunas serán más complejas que otras y requerirán de más de tres tareas. Toda esta información será la base sobre la cual usted diseñe su MPP de siete minutos. Cuando ya esté listo, comience a diseñar sus metas a tres, a cinco y a siete años. Personalmente, me encantan las metas a tres años porque he observado que este es el marco de tiempo real durante el cual se consigue una meta.

Luego, determine los pasos que lo llevarán hacia sus metas de dos años. ¿Dónde estará usted en un año con respecto a sus metas de dos años? ¿En seis meses? Su plan debería incluir ciertas marcas a lo largo del camino y la lista de las tareas que necesita realizar para cumplir sus objetivos. Ubíquese mentalmente al final de sus metas y mire hacia atrás en el tiempo para determinar cuáles tendrían que ser esas tareas que se requerirían para llegar hasta allá; escríbalas. Las tareas son muy importantes, por supuesto. Descríbalas con todos los detalles posibles. Hablaremos un poco más al respecto cuando usted ya esté diseñando su MPP.

Comenzando desde donde sea que se encuentre en este momento, usted está en la capacidad de planear cualquier estilo de vida que desee, y hasta podrá lograrlo más pronto de lo que se imagina. Le pido que escuche este mensaje con toda atención: usted puede lograr un cambio trascendental en su vida en el transcurso de un año; y en cinco a siete años, será completamente libre desde el punto de vista financiero.

A medida que desarrolla su plan e implementa las tareas necesarias para alcanzarlo, su habilidad para cumplir todo esto comenzará a fortalecerse. Programando su mente subconsciente, su habilidad para alcanzar mayores metas se incrementará. Eso no quiere decir que no enfrente fracasos. Habrá obstáculos por el camino que intenten detenerlo o alterar su ruta; pero eso es normal; con persistencia, y con la ayuda de su MPP, usted logrará todo lo que dijo que lograría y se sobrepondrá a las complicaciones que encuentre durante su recorrido.

Comenzará a atraer todo lo que necesita en su vida, y todas estas cosas vendrán de maneras que usted jamás imaginó ni habría podido planear. ¡Vendrán de la nada! Hace poco estaba conversando con un amigo con el que trabajé hace muchos años y hacía rato no nos veíamos. Él estaba trabajando para desarrollar e implementar un programa en contra del matoneo en su sistema escolar local, e idealmente, a lo largo de su provincia. Mi amigo estaba intentando ponerse en contacto con cierto político al que yo también conocía; lo cierto es que él necesitaba de alguien más que quisiera abogar por su causa.

Después de una corta charla entendí la situación y decidí enviarle un correo a este político y, en cuestión de 24 horas, el político y mi amigo habían programado un encuentro. Antes de que nos encontráramos, mi amigo no tenía ni la menor idea de cómo iba a hacer para lograr una cita con esta persona en particular. Él sabía que necesitaba una cita y había establecido un contacto inicial, pero no tenía la más mínima idea de si esa reunión de verdad llegaría a concretarse.

Mi amigo entiende y utiliza las técnicas a las cuales nos estamos refiriendo a lo largo de esta lectura. Él le dejó saber al universo que necesitaba que algo muy específico ocurriera en su vida y ocurrió que mi llamada le ayudó a lograrlo. ¡Esta es la Ley de la Atracción en movimiento!

Fuera de eso, mi amigo estaba vendiendo un negocio que tenía durante varios años porque estaba deseando comenzar otro. Ahora estamos trabajando juntos otra vez en uno de mis negocios y ha sido muy interesante porque para los dos ha significado ver cumplida una de nuestras metas. Todo esto debido a una llamada que surgió de la nada; de un hecho que, de alguna manera, el universo sabía que yo debía ejecutar.

Usted recordará que uno de los aspectos más importantes de la Ley de la Atracción es el hecho de que se puede atraer tanto lo positivo como lo negativo. Como dice el dicho: "Tenga cuidado con lo que desea porque a lo mejor se le cumple". A continuación encontrará otros cuantos puntos para considerar con respecto al hecho de atraer cosas positivas o negativas a su vida. Asegúrese de leerlos con mucho cuidado; podrían cambiar su manera de pensar, y en última, su vida:

Atraer cosas extremadamente positivas a su vida es un proceso simple, siempre y cuando usted se lo proponga y utilice su discernimiento. Sin embargo, tenga en cuenta que la Ley de Atracción puede ser peligrosa si usted no tiene cuidado en su enfoque.

"Hablar es fácil" y esto nunca es más cierto que cuando usted se encuentra en negación con respecto al hecho de que la Ley de Atracción es real. Su verdadero poder surge de un lugar muy profundo ubicado dentro de su subconsciente; pero, si todavía no cree mucho en esta ley, meditará en vano durante semanas si no está utilizando el lenguaje correcto para programarse. Sin embargo, no se preocupe; a medida que utilice su MPP, la verá en acción.

Incluso, si en este momento usted cree que todo esto es basura, está bien; pero, si completa este proceso, experimentará la realidad de la Ley de la Atracción y sus resultados. Procure creer en ella porque funciona y vale la pena. Y aquí es donde el poder de la visualización entra en acción. Imagínese a sí mismo viviendo la clase de vida que desea; esa es la mejor manera de comenzar a ponerla en práctica. Encontrar un parqueadero en un centro comercial lleno, como mencioné en el Capítulo Tres, es apenas un pequeño ejemplo de cómo funciona la Ley de la Atracción.

Para llevar todo esto un poco más allá, diseñe una "cartelera de sus sueños" o un collage tangible de todo lo que usted más desea en la vida. Tome fotos del carro de sus sueños; vaya a un concesionario, siéntese en él y tómese allí una foto. Colleccione fotos o imágenes de la clase de vivienda que anhela tener; es decir, incluya imágenes de todo lo que quisiera que fuera su estilo de "vida ideal". Recorte palabras y frases de revistas y periódicos que lo hayan inspirado. Luego, cada vez que tenga la oportunidad, observe su cartelera y todo lo que incluyó en ella. Cuélguela en algún lugar visible, donde la vea con frecuencia. Imagínese cómo se ve sentado en el asiento del conductor de su carro ideal, preparando su comida en una cocina suntuosa, descansando en la playa que tanto quisiera visitar. Convierta estas imágenes en el protector de pantalla de su computadora.

Absténgase de desarrollar visiones negativas. Es verdad que el universo es poderoso y quiere que usted sea feliz; pero, si usted está obsesionado con algo, es difícil para su mente subconsciente discernir entre las cosas que realmente quiere y las que no. Si usted está obsesionado pensando que su vida es desastrosa o tiene miedo de perder su casa o a su pareja, ¿se da cuenta de lo que podría pasar? La Ley de la Atracción causará precisamente aquello que usted no quiere que pase.

Confíe en que la Ley de la Atracción funciona como debe funcionar. Su poder va más allá del deseo que usted tenga de tener una gran fortuna o de unas vacaciones fabulosas. Lo hará sentirse con toda la energía necesaria para experimentar la vida que tanto anhela.

Lo anterior nos trae nuevamente al punto de enfocarnos y desarrollar nuestra mente subconsciente para que nos dirija hacia todas las metas que queremos lograr. Como ya dije antes, las leyes de la física son absolutas y como tal, son inmutables y poderosas. A medida que usted entrene su mente subconsciente y comience a fijar en ella el mensaje que eligió enviarle al universo, se sorprenderá con todo lo que comience a ocurrir en su vida.

Mis ejemplos anteriores sobre un parqueadero en un centro comercial repleto y la llamada fortuita para ayudar a mi amigo son apenas el comienzo. Me encontraba diseñando un programa de mercadeo hace poco y una de las personas que trabajaba para mí fue transferida a otro proyecto. En un comienzo, yo estaba preocupado porque él era parte integral del proceso. Sin embargo, dos días después conocí a alguien todavía más calificado en el área de experiencia que se necesitaba para el proyecto, a tal punto que él encontró una cantidad de falencias en el programa que habíamos creado hasta el momento. Esto ocurrió porque yo estaba enfocado en encontrar a la persona adecuada para lo que se necesitaba en esa parte del proceso; fue muy bueno no haberme concentrado en el hecho de haberme quedado sin la ayuda que estaba recibiendo. Y aunque al comienzo no estuve muy de acuerdo con el cambio de empleado, todo salió mejor de lo que me esperaba. Yo estaba conectado con el universo y le permití traerme justo a la persona que estaba necesitando en ese momento.

La gente espiritual habla con frecuencia del hecho de estar "en sintonía" con el universo. Incluso hay quienes sienten que estar en esa sintonía significa estar "conectado" con el dios de alguna religión en particular, y eso también es válido. Aunque este sentimiento de estar en sintonía puede relacionarse con la espiritualidad, cuando se trata de alcanzar el éxito o una buena fortuna, el hecho de utilizar la Ley de la Atracción hace que su trabajo sea mucho más sencillo. En definitiva, usted necesita tener la habilidad de atraer a su vida lo que sea que quiere lograr. Y lo logra a base de expectativas positivas, acciones positivas y visualizaciones positivas.

Al igual que afilar una espada, esta ley es como un diamante polifacético, algo que usted debe aprender a manejar. Solo hasta entonces usted logrará convertir en realidad todos sus sueños. Durante su etapa de visualización, las ondas cerebrales se producen de acuerdo a sus pensamientos negativos o positivos, y a las imágenes que usted tenga en su mente[16]. Estas ondas cerebrales ocurren constantemente, bien sea que esté o no pensando en algo de manera consciente. Nada, incluso si parece sólido, es en verdad sólido. Y esto nos lleva a otra ley, la Ley de la Vibración. No vamos a adentrarnos en ella, pero me gustaría que supiera que forma parte de lo que es estar bien sintonizado y conectado a la energía y el poder del universo que están esperando por usted.

¿Alguna vez ha observado que cierta gente entra a un recinto cualquiera y este parece iluminarse? De repente una energía única ingresa a ese lugar. La gente dice: "Este individuo tiene una personalidad atrayente". Ese es el efecto de la Ley de la Vibración y la Ley de la Atracción en conjunto. Esa persona que ilumina la habitación con su presencia está generando la energía positiva que posee en su interior, y que existe en el universo que nos rodea. ¡Es decir que en realidad sí posee una personalidad atrayente!

El proceso que usted va a utilizar, y que ya está utilizando, le permitirá convertirse en alguien atrayente al ubicar todos sus sueños, deseos, aspiraciones y metas en su mente subconsciente. Esto le permitirá a su mente trabajar y avanzar en sus planes mediante sus acciones, y obtendrá todas estas cosas de maneras que jamás creyó posibles. Y aunque al comienzo los resultados puedan parecerle concidenciales, pronto sabrá muy dentro de usted que no se trata de una simple coincidencia, sino que son el resultado de todo lo que usted ha lanzado al universo y ha estado programando. Lo he visto ocurrir y sé que funciona. Me ha funcionado una y otra vez. Todas estas leyes y energías me han ayudado a generar un negocio multimillonario. ¡Y a usted también lo ayudarán!

Conviértase en esa persona que alumbra el recinto al cual ingresa; la que atrae gente positiva y circunstancias positivas a su vida. Usted desarrollará un sentido de autoconfianza como nunca antes y este lo llevará a nuevas alturas. No es cuestión de arrogancia, ni egocentrismo. Simplemente, usted comenzará a sentir una confianza en sí mismo que está bien fundamentada porque usted tendrá una imagen de sí mismo saludable y positiva.

No se olvide de que también puede atraer cosas negativas. Ocurre todo el tiempo. A lo mejor usted ya lo ha notado en la vida de algunas celebridades. Ellos tienen tanta necesidad de agradar e impresionar a los demás que se sobreactúan y llegan hasta a involucrarse en las drogas y a hacer otras estupideces por el estilo. Sí, generan atención hacia ellos, pero negativa. No es mi intención criticar a las celebridades, sino que ese tipo de circunstancias desafortunadas ejemplifican la manera negativa en que funciona la Ley de la Atracción.

Sus hijos hacen lo mismo cuando quieren llamar su atención. A ellos no les importa si lo que hacen es negativo o positivo. Lo cierto es que, si ellos no están recibiendo la atención que les gustaría, con frecuencia hacen alguna cosa por el simple hecho de llamar la atención; y con frecuencia, lo logran de manera negativa. Para ellos, atención es atención. Sin embargo, si ellos aprenden que pueden llamar la atención a través de conductas negativas, continuarán haciendo lo mismo una y otra vez. Obviamente, esa no es una forma saludable de llamar la atención.

Cuando esté planeando sus metas, recuerde incluir las que tienen que ver con su buen estado físico. Destine un tiempo en su horario para hacer ejercicio, bien sea yendo al gimnasio o ejercitándose en casa. Ya sé que ya he hablado a este respecto, pero estar saludable es muy, muy importante. ¿Sabía usted que asear sus dientes con hilo dental puede protegerlo de enfermedades del corazón, diabetes y otros problemas de salud?[17] Algo tan sencillo como unas buenas gomas de mascar lo hacen más saludable. Son cosas muy simples y sencillas; pero, con demasiada frecuencia, la gente no las toma con seriedad. No creen que algo tan simple como una goma de mascar tenga un impacto tan grande en el buen funcionamiento del corazón. Y aunque parezca irrelevante, le sugiero que incluya algunos minutos de su horario para limpiarse a diario sus dientes con un buen hilo dental. Parece muy insignificante, pero es bastante significativo. ¿Por qué no emplear tres minutos de su día en esta actividad?

SITUACIONES POSITIVAS PARA GENTE POSITIVA

Me gustaría que pensara en cómo se siente cuando va a un almacén o a un supermercado y el cajero o alguien del personal de ventas es genuinamente amistoso con usted porque esa es su manera de ser. ¿Cómo se siente cuando se encuentra con alguien así? ¿Siente deseos de regresar a ese lugar y volver a hacer negocios con esa misma persona? Yo sí. Y también siento mayores deseos de recomendarles este almacén a mis amigos y a mi familia.

¿Qué están haciendo esos vendedores? ¿Qué hacen en ese momento preciso? ¿Están atrayendo sentimientos negativos o positivos? Por supuesto que están atrayendo sentimientos positivos, y la posibilidad de que les ocurran cosas positivas es enorme. De hecho, ¿quién sabe? A lo mejor le sirvan algún día a alguien que le guste tanto su actitud que termine ofreciéndoles un mejor empleo, con un mejor salario y una mejor posición. Grandes oportunidades comenzarán a presentárseles.

Es sorprendente lo que podría pasar: algo tan sencillo como ser amigable y amable con otra persona puede terminar convirtiéndose en grandes oportunidades. Y para ir más allá: si usted encuentra a alguien en su vida que es molesto, procure no pasar tiempo con esa persona. De esa manera le permite a su mente subconsciente enfocarse y generar lo que usted quiere tener en su vida sin tener que soportar el negativismo y la mala conducta de ese tipo de personas. Es cuestión de guardar armonía con todo lo que usted haga, y de mantenerse conectado con el universo hasta lograr la clase de vida que quiere. Esta armonía también significa estar en sintonía (vibración) con lo que está ocurriendo en su vida.

Y así como hace a un lado a la gente que acaba con su energía, a lo mejor también quiera analizar la posibilidad de deshacerse de cosas que ya no necesita —cosas innecesarias que lo desgastan, que mantienen su clóset lleno y ocupan espacio.

Piense que su mente es su clóset mental. Por lo menos una vez al año reviso mi clóset y me deshago de la ropa que ya no estoy utilizando y se la doy a otra gente que la necesita. Esta limpieza, no solo genera mucho más espacio en mi clóset, sino que mi mente subconsciente también comienza a reconocer que "necesito ropa nueva. Una nueva camisa, otro pantalón". Entonces busco una hermosa camisa y un pantalón que me queden perfectos, una buena muda de ropa que ni sabía que quería tener. Le recomiendo de manera insistente que se deshaga de todos los objetos y accesorios que ya no necesita. Haga espacio para algo bueno; para algo nuevo.

Al crear ese vacío usted está haciendo espacio para que su mente subconsciente trabaje a su favor. Es sorprendente la manera en que su cerebro se encarga de llenar los espacios que hay en su vida. Por supuesto, la ropa es apenas un ejemplo. Es posible hacer una limpieza concienzuda en cualquier área de la vida porque ese es el poder del subconsciente. Espere y verá lo que hará por usted y con usted.

Su subconsciente comenzará a producir la realidad que usted ha estado visualizando, y a medida que usted se convierta en la persona que quiere ser y comienza a hacer las cosas sin esperar nada a cambio, se sorprenderá de todo lo que llegará a su vida. Los resultados vendrán en maneras que jamás creyó posibles. Y como usted no puede cambiar las leyes universales, decídase a utilizarlas para su beneficio y para convertir en realidad todas sus ilusiones.

En el siguiente capítulo vamos a hablar acerca de cómo ser cada vez un poquito mejor, y de cómo siendo un poquito mejor, usted genera una innumerable cantidad de bienestar y prosperidad en su vida. No se le olvide realizar en detalle el ejercicio del Capítulo Siete antes de pasar al Capítulo Ocho. Sea específico y recuerde que el universo quiere darle todo lo mejor que tiene para usted.

"Soñar durante la noche es como escapar a tu vida. Soñar de día es hacer que tus sueños se conviertan en realidad".

Stephen Richards

OCHO

La ~~Teoría~~ Realidad del Filo de la Navaja

En el capítulo anterior hablamos sobre la mejor forma de atraer a su vida todas las cosas que usted quiere. También aprendimos a conectarnos con la fuerza del universo y a tomar ventaja de la energía de las leyes universales las cuales hacen que todo lo que anhelamos se manifieste en nuestra vida, con frecuencia, de maneras inesperadas. También mencionamos la importancia de mantener un registro diario de todas nuestras actividades, a lo cual me referiré en un par de párrafos adelante. Pero antes quiero explicar algo con respecto al título que escogí para este capítulo.

La primera vez que tuve alguna referencia sobre la Teoría del Filo de la Navaja fue mientras leía *You Are Born Rich*, un libro escrito por Bob Proctor. Me pareció bastante interesante y comencé a aplicarla para cambiar algunas cosas que no me dejaban buenos resultados. Una sola técnica del Filo de la Navaja tiene la capacidad de poner, literalmente, millones de dólares en su bolsillo. Al comenzar su día o un poquito más temprano –si es posible antes de que se levanten las personas que viven con usted– encontrará una o dos horas para trabajar en lo que quiera sin ninguna interferencia y sin que nadie invada su espacio. Logrará hacer mucho más mientras sea temprano, todo esté en paz y usted pueda concentrarse –sobre todo si tiene niños.

Me refiero a ella como a una "realidad" y no como a una "teoría" puesto que he comprobado con mis propias experiencias que esta es más que una teoría. Si usted emplea esta realidad, estará muy por encima de sus supuestos competidores.

La Realidad del Filo de la Navaja demuestra que la gente a la cual se le paga enormes y significativas cantidades de dinero no es necesariamente mejor que usted. Piense en el béisbol: el bateo promedio de una superestrella es de .300 o un poquito más. Si usted tuviera ese mismo promedio al batear, le iría muy bien, le pagarían enormes sumas de dinero si bateara aunque fuera tres de cada 10 veces y llegara seguro a la base. Quienes llegan a la base un promedio de 2.5 veces de cada 10 bateadas –un promedio de bateo de .250– escasamente permanecen en el juego. Con ese promedio cualquier bateador se vería en dificultades para ser considerado como profesional en ese deporte. Por lo tanto, la diferencia entre un bateador que gana millones de dólares y recibe contratos gigantescos de millones de dólares, y otro que a duras penas logra sostenerse en el juego, es la mitad de un bateo en una serie de 10. Ese es apenas un 5% de diferencia.

En las carreras de carros de Fórmula 1, el tiempo se mide en términos de milésimas de segundo. Muy a menudo la diferencia entre el primer y el tercer lugar es apenas de décimas de segundo; sin embargo, la ventaja de ser el primero y ubicarse en la *pole position* es gigantesca. Le da al conductor una mayor posibilidad de terminar primero y ganar la carrera.

Durante años he disfrutado viendo las carreras de trineos durante los Juegos Olímpicos de Invierno. El propósito de participar en este evento es ganar la medalla de oro y por supuesto que todos los participantes quieren ganársela ya que ¿quién se acuerda del participante que ganó medallas de plata o bronce? La mayoría de los honores provienen de ganar la medalla de oro. En la última competencia de este juego en la categoría de hombres, la diferencia entre el primero –el que ganó la medalla de oro– y el cuarto, –quien no ganó ninguna medalla– fue de 12 centésimas de segundo. Después de años de práctica, la diferencia de 0.12 segundos puede significar decenas de millones de dólares.

Existen muchos ejemplos de esta misma diferencia en todos los aspectos de la vida. No es cuestión de ser 100 veces mejor que la competencia –o tan siquiera cinco veces. Cuando usted entienda la Realidad del Filo de la Navaja, se dará cuenta de esta gran ventaja y entonces no tendrá competencia. Veamos otro ejemplo personal: cuando yo vendía finca raíz hacía llamadas todos los días, cinco días a la semana, de 8:30 a.m. hasta las 10:00 a.m. Sin embargo, después de implementar la Realidad del Filo de la Navaja a mi tiempo de hacer las llamadas, comencé a llamar desde las 8:30 am hasta las 10:01 am., de lunes a viernes.

A lo mejor usted se preguntará qué hizo ese minuto extra por mí. Bueno, durante ese minuto extra yo alcanzaba a hacer dos llamadas adicionales. Y lo lograba porque solo decía: "Hola, le habla Tony Neumeyer de XYZ Bienes y Raíces. Lo llamo para ver si usted, o alguien que usted conozca, estaría interesado en comprar o vender finca raíz durante los siguientes seis meses". Si me decían que no, yo solo agregaba: "Muchas gracias por su tiempo". Acto seguido, colgaba y de inmediato llamaba a la siguiente persona. Podía tratarse de la llamada más concisa, pero si alguien mostraba interés, entonces sí entablaba una conversación. Durante esa hora y media (más un minuto) lograba hacer un promedio de 100 llamadas.

Y aunque ese minuto extra no parecía marcar una gran diferencia, para mí representaba hacer dos llamadas más, que vistas a largo plazo, significaban 10 llamadas más por semana solo en ese minuto extra. Yo sabía que cada una de 10 llamadas que hacía me permitía encontrar a alguien que mostrara interés en hacer algún negocio de finca raíz en los siguientes seis meses o algo así. Ahora ¿todos estos contactos que yo lograba terminaban en un negocio o lo hacían directamente conmigo? No siempre, pero no me importaba. Yo solo estaba buscando gente que estuviera interesada en hacer algún negocio, así que esas 10 llamadas extra, ese minuto extra por día, me proporcionaban un prospecto por semana.

Eso significaba por lo menos 50 prospectos extra por año. Si solo uno de 10 de esos prospectos hacía algún negocio conmigo, mi ganancia sería de miles de dólares en mi bolsillo por año gracias a ese minuto extra de cada día. De hecho, me funcionó. Funcionó de una manera asombrosa el uso de ese minuto extra a diario. Pude haber agregado cinco minutos extra, si hubiera querido; pero tenía otras cosas que hacer y ya había invertido 90 minutos en llamadas. Hacer dos llamadas más en tan corto tiempo era agregar un promedio del 2% más, –era estar en el Filo de la Navaja. Sacar el tiempo para hacer el 2% más cada día marcó la diferencia y puso miles de dólares extra en mi bolsillo año tras año.

Dado que esta clase de manejo de su tiempo y de su jornada diaria es tan importante, me expandiré en dos ideas más con un poco más de detalle. Usted necesita mantener un diario y un planeador de tiempo; los dos son muy diferentes y tienen distintos propósitos, como se irá a dar cuenta.

Hablemos primero del planeador. Ya sea que usted utilice un sistema computarizado o una agenda de papel que le ayude a manejar su tiempo, eso no es lo importante. Lo que sí es importante es que utilice un sistema eficiente y que lo mantenga actualizado. Recuerde que ese minuto extra podría significar mucho dinero. Por lo tanto, aquí tiene un par de claves. La primera es que necesita planear cada día antes de comenzarlo. Comenzar su día sabiendo lo que va a hacer marcará una gran diferencia en su nivel de productividad. Tómese unos minutos al final de cada día y escriba en orden de importancia su lista de cosas por hacer al siguiente día, programando todo lo que necesita hacer y el tiempo que requerirá para hacerlo. Asegúrese de incluir el tiempo que necesitará para desplazamiento y preparación. Con frecuencia, cuando usted no ha planeado sus actividades, surge la tendencia a hacer todas esas cosas que son fáciles o sencillas, pero no necesariamente las más importantes.

Al programar la totalidad de su día estará eliminando todo lo que ha descubierto que le hace perder el tiempo. Asegúrese de incluir también su tiempo personal, tiempo para comer, para estar con su familia, etc. Al hacerlo, estará tomando las riendas y la dirección de su vida. Eso no significa que tenga que eliminar la espontaneidad; es cuestión de saber que, si su plan cambia durante el día, aun así usted sigue en control de su tiempo. Podrá mirar su agenda y decidir si hoy es el día en que es posible cambiar sus planes de una manera espontánea.

Utilizar un planeador de tiempo que lo mantenga en control día a día es diferente a mantener un diario ya que este último sirve para escribir allí sus metas, sus retos y otras notas de valor. Al final de cada semana usted debería revisar su diario y mirar detenidamente para ver qué conclusión podría sacar de todas las notas y actividades que realizó en esa semana. Además, escriba notas semanales sobre asuntos importantes y luego revíselos mensualmente. A lo mejor usted quiera revisar qué tal está cumpliendo sus planes, sus metas y sus tareas; es importante que una vez al año (yo lo hago durante los primeros días del mes de enero) se siente y revise todo lo que ha logrado durante el año que culminó y qué hará durante el año que acaba de empezar.

Todas sus notas, y la revisión de ellas, lo mantendrán ubicado y le ayudarán a definir y refinar su MPP de siete minutos, el cual discutiremos en detalle en un par de capítulos más. Es importante que tenga un sistema para medir su progreso. Usted necesita saber cuánto dinero tiene en su cuenta bancaria, dónde está ubicado hoy y hacia dónde se dirige.

Las notas que usted escriba en su diario no siempre tienen que ser 100% positivas; así es la vida y a veces las cosas no ocurren tal como las esperamos. Si usted no logró terminar una tarea, escriba una nota al respecto. Explique *por qué* razón no la completó y mire si hay alguna manera de evitarla en el futuro. Describa lo que estaba haciendo y le impidió terminarla. ¿Era algo necesario o se trataba de un asunto que estaba al final de su lista de prioridades? ¿O era muy importante y que no podía dejar de hacer durante el día? A lo mejor usted solo estaba buscando excusas para holgazanear. Analizando sus notas honestamente usted encontrará todas estas respuestas que, en dado caso, le servirán para mejorar y hacer los ajustes necesarios.

Genere una rutina matutina diaria para comenzar cada día con expectativas positivas. Cuando usted se levanta ¿qué es lo primero que hace? ¿Y después? ¿Y después de eso? Creando una rutina y adhiriéndose a ella usted podrá manejar con mayor facilidad una a una todas las actividades que haya planeado para cada día. Tal vez se dé cuenta que para lograr todo lo que se propone necesita levantarse más temprano o alargar su día un poco más. En mi caso, eso es lo que más funciona. Cuando yo comencé a implementar una rutina en mi vida, decidí que me levantaría una hora más temprano y así realizaría todo lo que me propusiera día tras día. Comencé levantándome a las 5:00 am y no a las 6:00 am. A lo mejor era solo una hora, pero esa diferencia significaba que podía comenzar a hacer llamadas a las 8:00 am. El hecho es que, al cambiar algo tan sencillo en mi horario habitual, logré construir un negocio multimillonario. En eso consiste la técnica de la "Realidad del Filo de la Navaja".

El tiempo precioso que usted aprovecha para producir antes de que comience el ajetreo diario es invaluable. Piense en lo que le representaría una hora extra cada día y con el paso del tiempo. Ya hablamos de eso en un capítulo anterior cuando nos referimos a la posibilidad de aprender sobre algún tema mientras estamos manejando. Igualmente, si usted se levanta una hora más temprano día tras día, tendría un promedio de 350 horas de más rendimiento por año. Piense en todo lo que haría durante ese tiempo.

Una materia universitaria dura entre 48 y 60 horas por semestre. Así que, si usted tiene un promedio de 350 horas libres por año, este sería el tiempo equivalente a cinco materias universitarias. Bueno, no estamos teniendo en cuenta las tareas de cada clase; pero, si usted tuviera por lo menos la mitad de ese tiempo, piense en cuántas cosas realizaría a lo largo de un año o dos o tres a partir de este momento.

Todo se reduce a organizar su tiempo y a determinar de antemano sus prioridades. Cuando usted redefina sus prioridades, estas deben ser prioridades *absolutas* en su vida; las prioridades a medias no cambiarán su vida. La manera en que organice su tiempo determinará su nivel de productividad, de avance, y potencialmente, también su nivel de éxito y su futuro.

Por ahora, ya ha examinado en qué utiliza su tiempo en segmentos de cinco minutos y se ha dado cuenta de cuánto tiempo está desperdiciando a diario. Ya debería saber cuánto tiempo tiene para empezar a construir un mejor mañana mediante el simple hecho de ser más eficiente con su tiempo.

A medida que planee sus actividades, revise y asegúrese de que cada una de ellas lo esté conduciendo hacia la meta que quiere lograr, y que está siendo todo lo productivo posible. Ahora ya no hay tiempo que perder, si en realidad quiere progresar. No se haga trampa a usted mismo con respecto a la manera en que está utilizando su tiempo ya que cada uno de nosotros tenemos un tiempo de vida finito. Cada uno tenemos 24 horas diarias. Eso es todo. Ni más, ni menos. Lo que usted alcance a producir dentro de ese marco de tiempo será lo que marque la diferencia en su vida. Así que llene su tiempo con todo aquello que lo ayude a avanzar hacia sus metas y objetivos.

No invierta más de 90 minutos en cualquier actividad sin hacer pequeñas pausas para descansar. Levántese y camine alrededor del recinto; haga algunas flexiones y abdominales o cualquier otra actividad que mantenga activo el torrente sanguíneo de su cerebro. La actividad contribuye a mantener una mente creativa y activa. Tomar pequeños descansos lo mantendrá más productivo. Mantenga una alarma y prográmela para que le recuerde hacer ciertas pausas. Ahora usted está aprendiendo a ser más eficiente en el uso del tiempo. Elija ciertos momentos para contestar sus correos. Puede ser cuando más le agrade hacerlo, pero le recuerdo que esa es una manera de perder el tiempo, así que elija un momento adecuado, bien sea entre una y tres veces diarias, dependiendo de su trabajo y del tipo de correos que reciba.

No pierda tiempo en Facebook ni en ninguna otra de las plataformas de los medios sociales. Utilícelas para su beneficio cuando este iniciando un negocio, pero entienda la diferencia. Hoy en día hay 1.1 billón de usuarios de Facebook y ellos invierten un promedio de 17 minutos diarios en la red[18]. Ese es el *promedio*, pero usted sabe que muchos gastan más tiempo en las redes sociales. Sin embargo, invertir tiempo en las redes sociales con un propósito válido es muy diferente; asegúrese de utilizarlo efectivamente e impóngase un límite.

Algunos estudios han demostrado que, cuando la gente se asegura de escribir todo lo que está haciendo, se da cuenta que está perdiendo entre 30 y 90 minutos de trabajo diario; además logran identificar la misma cantidad de tiempo improductivo en sus rutinas diarias[19]. Siento curiosidad por saber cuánto tiempo pierde usted. ¿De qué manera se relaciona todo esto con la Realidad del Filo de la Navaja?

Como ya he resaltado antes, usted no tiene que ser mucho mejor que la gente que tiene a su alrededor para pasar de la mediocridad a ser el dueño de una gran fortuna. Al hacer consistentemente un poquito más, y al destacarse solo un poquito más, usted llegará a su meta. Vince Lombardi, cuando era entrenador de fútbol, enfocó a sus jugadores en lo que él llamaba "el concepto del segundo esfuerzo". Suponga que lo tienen agarrado de los pies y que están a punto de írsele encima; procure avanzar una milla más, y luego otra milla extra, dos millas extra más hasta que en determinado momento avance *todas* las millas que necesita para llegar a la meta.

Ese es exactamente el tipo de concepto del cual estoy hablando: hacer solo un poquito de esfuerzo, y otro más, hasta completar la milla extra; esa es la Realidad del Filo de la Navaja. A medida que usted desarrolla su plan y sus tareas personales para lograr sus metas, pregúntese: "¿Qué puedo hacer para ser un poco mejor? ¿Qué puedo hacer un poco más?"

Otra clave para tener éxito en hacer **más de lo que le funciona**. Cuando usted se dé cuenta de que está haciendo algo que le funciona, que lo está ayudando a avanzar exitosamente hacia sus metas, haga más de eso y medida que lo haga, incrementará el grado de velocidad con el que se dirige hacia sus objetivos. Cuando la gente que trabaja en mercadeo está realizando una campaña publicitaria, ellos hacen pruebas y pruebas y pruebas una y otra vez. Y a medida que van descubriendo qué parte de la campaña está funcionando, enfocan toda su energía y su presupuesto para capitalizar en aquello que está demostrando que funciona. Si usted presta atención, se dará perfecta cuenta de cómo cada esfuerzo extra incrementa la facilidad y la velocidad con la cual usted alcanza sus metas. Utilice esta técnica en todas las áreas de su vida.

Usted va a hacer el trabajo de todos modos, entonces ¿por qué no hacer un poco de esfuerzo extra para obtener mejores resultados, y hacerlo de una manera que lo lleve hasta la realización de sus metas? Así mismo, haga que el trabajo valga la pena desde el punto de vista financiero tanto como sea posible y que le produzca el éxito que está buscando.

A medida que implemente sus actividades según la Realidad del Filo de la Navaja usted comenzará a darse cuenta de que tiene muy poca competencia a su alrededor porque sus competidores no están haciendo lo mismo que usted. Ellos no tienen la mentalidad de la Realidad del Filo de la Navaja. Ellos no entienden cómo funcionan estas realidades y ni siquiera saben que existen. Solo se preocupan por su realidad diaria; y está bien para ellos, ¡pero no para usted! Si así fuera, ¡usted no estaría leyendo este libro! Usted y yo sabemos que usted quiere algo mejor, y que quiere más. Lo que les sirve a otros no se ajusta a lo que usted anhela de la vida. Para ganar diez veces más de dinero que su competencia usted no tiene que ser diez veces mejor, solo tiene que hacer un poco más; ser solo unos pocos puntos porcentuales mejor.

No se preocupe por la competencia en su campo; ellos no son de su incumbencia. Cuando usted esté cumpliendo sus objetivos, el 80% será simplemente hacer acto de presencia y realizar su tarea. Es el 20% restante en la ecuación el que marcará la diferencia en su vida. Lo cierto es que, del 20% de las personas que hace acto de presencia, solo el 20% está realmente trabajando para hacer que "suceda", sea lo que sea que ellos quieren que "suceda". Será fácil para usted formar parte de ese 4% o menos si utiliza las técnicas del Filo de la Navaja.

Hace poco iba en un vuelo en primera clase y en algún momento se me ocurrió echarles un vistazo a las 10 personas que estaban a mi alrededor. Un par estaban dormidas, cuatro trabajan en sus ordenadores, dos leían lo que parecía ser algo asociado con sus negocios, otras dos no estaban haciendo absolutamente nada; después estábamos mi esposa y yo. La mayoría de la gente que me rodeaba no estaba simplemente ociosa en aquel vuelo de primera clase; estaban haciendo un buen uso del tiempo, como yo. Estaban trabajando en salir adelante. Usted también puede ser de este tipo de personas productivas. A veces, productivo también significa descansar; pero, si usted está atascado en un vuelo de larga distancia, procure darle buen uso a su tiempo: escuche la música que había querido escuchar o un audiolibro o una grabación de un orador inspirador.

HAGA LO QUE HAGA, HÁGALO CON UN PROPÓSITO

Cuando usted aprende a utilizar su tiempo de la forma más productiva posible, es cuando realmente empieza a salir adelante. Recuerde, el tiempo es finito, cuando tenga tiempo disponible, inviértalo lo mejor que pueda. Si está sentado en una sala de espera, lea un poco desde su Smartphone o escuche un audiolibro. Comience a ver esos momentos como oportunidades para seguir adelante y aprovéchelos, no los pierda. Asegúrese de tomar ventaja de ellos teniendo algo que escuchar o leer cada vez que esos espacios inesperados se produzcan.

Planifique qué hará durante este tipo de espacios y ponga en práctica su plan cuando esos momentos surjan. Así sabrá tomar ventaja de ellos. ¡No los pierda! ¿Tiene llamadas telefónicas por hacer? ¿Podría hacer algunas notas en su diario? ¿Recuerda esa lectura que le ayudaría a avanzar en sus planes?

NO PERMITA QUE SU TIEMPO DE INACTIVIDAD HAGA PLANES CON USTED

Siga las palabras de Jim Rohn y asegúrese de que usted está poniendo en práctica estas simples disciplinas y viviendo día a día, durante todas las 24 horas y cada vez más de cerca su realidad preferida.

A medida que avanzamos hacia el final del libro, vamos a poner en conjunto todos los aspectos que hemos analizado con el fin de crear su MPP de siete minutos que cambiará su vida. A estas alturas ya usted debe haber preparado su lista de metas y las fechas en que desea haberlas cumplido (véase el ejercicio del Capítulo Siete). Si no la ha hecho todavía, asegúrese de hacerla ahora porque necesitará esos objetivos específicos para crear su MPP.

Sea claro respecto a la fecha en que quiere haber obtenido cada una de las metas escritas en esa lista. Dele a cada una de ellas un plazo: seis meses, un año, dos, cinco y siete años. Para el propósito de este ejercicio, no planearemos más allá de siete años, pero le animo a tener una visión y planificar para diez años de camino y hasta un poco más allá. Por ahora, concéntrese en generar una lista que le indique claramente lo que quiere y para cuando lo quiere.

"La mente del ser humano se ensancha con nuevas ideas o sensaciones y nunca más vuelve a tener la dimensión que tenía".

Oliver Wendell Holmes Sr.

NUEVE

Ejercite su mente

En el Capítulo Ocho hablamos sobre la Realidad del Filo de la Navaja y espero que se haya dado cuenta de cómo al hacer solo un poquito más usted puede obtener resultados y experimentar grandes cambios. Si un cohete va camino a la Luna y desde el comienzo pierde su rumbo por un grado o dos, se alejará miles de kilómetros de la luna –pero esa es una manifestación negativa de la forma en que funciona el Filo de la Navaja. Cuando usted advierte la misma ecuación de manera positiva, se da cuenta de que al final un pequeño cambio termina por marcar una gran diferencia.

Para continuar, es importante que usted vea su cerebro como si fuera un músculo y lo ejercite. Por supuesto, el cerebro no es un músculo en el sentido tradicional, y no podemos ejercitarlo en la misma manera que a los otros músculos de nuestro cuerpo. Sin embargo, sí es posible ejercitarlo; de hecho, es el órgano más poderoso del cuerpo humano. Su cerebro tiene la habilidad de cambiar la manera en que usted se siente, se ve, su estado de ánimo, su bienestar financiero y todos los aspectos de su vida.

Para ejercitar el cerebro y obtener óptimos beneficios usted necesita crear y desarrollar imágenes mentales. Entre más vívidas y reales sean, más y más rápido podrá crearlas. Nada se construye físicamente sin que primero no haya una imagen mental. Por ejemplo, un rascacielos cualquiera no fue construido sin planos, y aun antes de esos planos hubo un borrador; alguien tuvo que visualizar qué habría de construir.

Usted puede ejercitar su cerebro en cualquier momento y en cualquier lugar, cada vez que tenga un momento de descanso durante el día. Imagínese que está haciendo una fila en una cafetería y mientras espera para ser atendido comienza a visualizar algo que quiere crear; también puede ser algo en general, pero le sugiero que visualicé algo concreto que de verdad le gustaría crear.

Entre más poderosas sean esas imágenes, y mayor emoción le generen, más vigorosas serán en su subconsciente y este más fácilmente actuará de diversas maneras hasta convertirlas en realidad. Al hacer esta clase de ejercicios en su tiempo libre usted está utilizándolo de una manera positiva, que le sirve para mejorar su vida. Es verdad que también está en la libertad de elegir no hacer nada durante su descanso, pero una acción neutral no lo ayudará a avanzar en su camino. Y cómo recordará, si no está avanzando, lo más probable es que se esté quedando atrás.

Si tuvo dificultades al visualizar el tomate, entonces observe este simple ejercicio de visualización. Descubrirá infinidad de beneficios.

PRIMER EJERCICIO DEL CAPÍTULO NUEVE

Para visualizar empleamos el lado derecho del cerebro. El hemisferio derecho es el lugar de experimentación, del pensamiento metafórico, de la jocosidad y la gracia, de la flexibilidad, la curiosidad, la sinergia, la capacidad artística, la capacidad de sintetizar, de solucionar problemas y de tomar riesgos. El hemisferio derecho es el centro de su capacidad para visualizar[20].

El siguiente ejercicio aumentará su habilidad para tener imágenes mentales claras. Así como con todo lo demás en la vida, con algo de práctica diaria de la creación de imágenes mentales lo más claras posibles, esta habilidad se irá convirtiendo poco a poco en parte de su naturaleza. Entre el 60% y el 65% de las personas piensa automáticamente en imágenes, sin darse cuenta[21]. Este ejercicio le ayuda al cerebro a enfocarse en las imágenes que usted elija y no en aquellas que aparezcan de manera involuntaria. Aunque el ejercicio es bastante simple, es muy efectivo y está diseñado para ayudarle a practicar su capacidad de concentrarse y enfocarse. Hágalo con frecuencia; además le ayudará a mejorar la habilidad de su cerebro para retener imágenes visuales y comenzar a programar su subconsciente.

• Para comenzar, dibuje en un pedazo de papel una figura geométrica cualquiera y coloréela utilizando tonos primarios: un cuadrado azul, un círculo rojo o un rectángulo amarillo, por ejemplo; lo que venga a su mente. La imagen del dibujo le ayudará a su cerebro a mantener esta figura clara y nítida en su mente.

• Concéntrese y enfóquese en la figura que dibujó; luego cierre sus ojos y mentalícela. No se preocupe si al comienzo no tiene una imagen clara. El propósito de hacer ejercicios de visualización es construir nuevos circuitos o conexiones neuronales en su mente. Necesitamos que su cerebro haga una especie de calentamiento previo, de la misma manera en que usted ejercitaría cualquier otro músculo. Comience con imágenes simples y en algún momento llegará a visualizar imágenes más complejas e ideas más profundas.

- Ahora observe la imagen fijamente durante unos 30 segundos; luego cierre sus ojos otra vez y "vea" la imagen en su mente. Esta vez, observe si logra mantenerla durante 30 segundos. Practique este ejercicio hasta que sea capaz de mantener una imagen mental clara. Y, aunque al comienzo no la vea con total claridad, estará aprendiendo a desarrollar un estado de concentración profundo. Como en todo, la práctica nos hace mejores.

- Ahora imagine algo más vívido, más vigorizante. Suponga que está trazando una línea con su dedo y una luz brillante y colorida aparece en la punta de su dedo haciendo que los bordes de la imagen parezcan brillantes y coloridos. Luego observe cómo ese brillo llena la imagen de afuera hacia adentro. Siga imaginando que su dedo pasa repetidamente por la orilla de la imagen hasta que usted no necesite que su dedo siga iluminando la imagen desde el exterior.

A medida que practique este ejercicio, se le irá haciendo más fácil visualizar.

Otro beneficio de este ejercicio es que usted estar utilizando su imaginación activamente para crear imágenes mentales. Este proceso también le ayudará en otros aspectos. Es una forma de poner en práctica su creatividad, lo cual quiere decir que usted será capaz de generar más ideas novedosas –ya hablaremos de este tema más adelante en este capítulo. Poco a poco descubrirá que estos ejercicios de visualización le producen una sensación de bienestar y contribuyen a mejorar su estado de ánimo.

Una vez que haya aprendido a hacerlos, avanzará y empezará a generar películas mentales en las cuales ¡usted sea la estrella! Podrá imaginarse a sí mismo alcanzando sus metas, ya sea en los negocios o en su vida personal. De hecho, ¿por qué no en los dos? Estas técnicas también funcionan cuando usted quiere eliminar malos hábitos o dejar de hacer algo, como por ejemplo, fumar. Pueden ser parte de su MPP de siete minutos. Es importante que utilice lenguaje positivo cuando esté practicando esta clase de ejercicios. Con respecto a esto, usted no estará "renunciando a algo" (lo cual implica una pérdida negativa), sino que estará eligiendo ganar algo, como por ejemplo, tener buena salud o perder peso. Tocaremos este tema en el próximo capítulo. Si usted usa su capacidad para visualizar de una manera efectiva, avanzará hacia sus objetivos y metas mucho más rápido.

SEGUNDO EJERCICIO DEL CAPÍTULO NUEVE

Cree una imagen mental de un lugar en el que haya estado y que le encante. Este ya es un ejercicio un poco más complicado que el de visualizar una figura geométrica. Sea lo que sea, visualice ese espacio y manténgalo en su mente durante 15 segundos. Procure evocar ese mismo sentimiento que usted experimentó estando allá y concéntrese en lo feliz y positivo que se sentía. De hecho, también puede comenzar a hacer que se manifiesten cosas en su futuro pensando desde ya en ellas.

Napoleón Hill, en *Piense y hágase rico*, afirma: "Usted se convertirá en aquello en lo que más a menudo piensa". Esa es una gran verdad, con *algunas* limitaciones, pero aquello en lo que nos enfocamos de manera consciente la mayor parte del tiempo comenzará a manifestarse en nuestra vida. Utilice este proceso en todas las áreas posibles.

Sus pensamientos y visiones comenzarán a cambiar su vida actual y también su futuro. Todo esto comienza con solo unos minutos diarios. Si en el último ejercicio usted fue capaz de visualizar ese lugar maravilloso en el cual se sentía tan a gusto, entonces le irá muy bien en su manera de crear todo lo que quiere para su futuro. Si le costó un poco de trabajo, no se preocupe; la práctica lo hará más eficiente. Usted se volverá muy bueno para visualizar; no es tan difícil, una vez lo haya puesto en práctica lo suficiente. Le daré otro ejemplo sobre cómo generar cosas en su vida: cuando era joven yo solía decirle a mi madre que comer era perder el tiempo. Tomar todo ese tiempo para preparar una comida y luego sentarse a la mesa a comer me parecía una pérdida de tiempo valioso. Me preguntaba por qué no podíamos simplemente tomar unas píldoras que nos proporcionaran toda la nutrición y energía que necesitamos. Así dejaríamos de perder tiempo comiendo y nos dedicaríamos a hacer lo que quisiéramos.

Es curioso ver cómo creamos cosas en nuestra mente y en nuestro futuro; con el tiempo, uno de los negocios que fundé, y que me dio una gran cantidad de dinero, era de vitaminas. Consumí muchos de esos suplementos (todavía los consumo) y son virtualmente comidas completas en forma de cápsulas. Lo pensé desde muy joven y no fue sino hasta hace pocos años que comencé a convertir en realidad aquella idea.

Me estoy refiriendo a convertirse en un productor profesional de imágenes. La gente usa su mente de muchas maneras y la verdad es que la mayoría no la usa con todo el poder que tiene ni de la mejor manera posible. Muchos no saben cómo crear una imagen sencilla ni mucho menos la imagen de su futuro. Entonces ¿cómo ser cada vez mejor para crear imágenes mentales? Sencillo: practicando.

Una de las claves cuando usted está comenzando a crear imágenes mentales es verse a sí mismo en una posición en la que desearía estar. Imagínese en ese carro, en esa casa que tanto anhela, disfrutando de ese estilo de vida que quisiera, divirtiéndose en ese largo viaje. Visualícelo tan claramente que alcance a sentirse en esa situación; sienta la tibieza del sol durante su crucero, o cualquiera que sea la imagen del viaje ideal que espera realizar. A medida que se vuelva más eficiente en este ejercicio se dará cuenta de que usted es capaz de alcanzar sus metas y objetivos con mayor rapidez y con menos dudas. Todo esto es importante porque las dudas se convierten en hoyos negros que quieren absorberlo y alejarlo de sus sueños. Utilizando su MPP usted logrará eliminar todas las dudas que suelen surgir en su mente. Eso no significa que no vuelvan a aparecer, sino que en la medida en que genere imágenes concretas acerca de su futuro y de la vida que quiere llevar, le será más fácil combatir sus temores y continuará generando lo que sea que tenga en mente.

Lo que ve es lo que obtiene. Así que, mientras más vívida y emotiva sea su visualización, mayor será la posibilidad de convertirla en realidad. Tener más conocimiento, como ya hemos dicho antes, le ayudará a crecer y a trabajar en función de lo que desee lograr. Recuerde que usted quiere convertirse en una persona generadora de muchas ideas. Permita que nuevas imágenes surjan cada vez más en su mente todo el tiempo.

SE REQUIERE DE UNA SOLA IDEA PARA CAMBIAR SU VIDA

Una vez que usted sea capaz de generar todas las imágenes mentales que desea, también deseará generarlas todo el tiempo. Piense en algunas de aquellas ideas descabelladas que han llegado a convertirse en negocios millonarios y hasta billonarios. A lo mejor todo comenzó con un App o con cualquier otra clase de tecnología. Existen infinidad de ideas que podrían ocurrírsele, pero usted necesita abrirse a ellas y permitirles fluir a través de su cerebro para después escribirlas, potencializarlas y utilizarlas para su beneficio.

Algo que debería anotar en su diario son todas las ideas que se le ocurran. Si no tiene tiempo para escribirlas de inmediato, grábelas en su teléfono y luego escribirlas en su diario. Incluso podría mantener una sección aparte dentro de su diario en la que practique lluvias de ideas. Siéntese durante 5,10 o 20 minutos y escriba todo lo que le dicte su mente. Recuerde que cuando usted está haciendo esta clase de ejercicios no importa si se trata de ideas buenas, malas o ridículas. En el momento, lo importante es dejar fluir todo lo que venga a su mente porque, si de verdad quiere triunfar en la vida, necesitará tener ideas sobre cómo lograrlo. Cuando esté haciendo su lluvia de ideas, piense en una imagen mental de cómo sería su estilo de relación perfecta. Escriba todas sus ideas y describa todo lo que venga a su mente. Todo esto hace parte de fortalecer su cerebro.

TERCER EJERCICIO DEL CAPÍTULO NUEVE

Para este ejercicio necesitará retomar todas las metas y objetivos que escribió en su lista.

- Revise todas las listas que ha escrito y visualice todas y cada una de ellas. Tómese todo el tiempo que necesite. A este punto yo espero que sepa utilizar las técnicas de visualización tal y como quiera. Si todavía le cuesta un poco de trabajo, vuelva a retomar el ejercicio de visualizar una figura geométrica.

- Visualice cada una de sus metas con la mayor concentración posible y con todos los detalles. Observe si evocan en usted emociones fuertes.

- Luego, busque imágenes físicas, fotos suyas o de revistas, o de las que aparecen en internet, que representen los lugares a los cuales quiere ir y las cosas que le gustaría tener, y entusiásmese con ellas; no se sienta presionado; hágalo para tener un concepto visual de cada una de sus metas. Manténgalas en su mente y también en esas formas tangibles. La razón por la cual todo esto es importante quedará más en evidencia en el Capítulo Diez, cuando sea el momento de escribir su MPP de siete minutos.

Luego, piense en las siguientes preguntas:

- ¿Va a comenzar un negocio?
- ¿Ha pensado que esta podría ser una de las formas de tener éxito?
- Si es así, ¿qué clase de negocio sería?
- ¿Tiene el dinero que necesita para empezar?
- ¿Necesita conseguirlo?

Si está tratando de pasar al siguiente nivel de su carrera, o desea comenzar una nueva, sería bueno que se tomara el tiempo necesario para pensar en qué es aquello en lo que estaría interesado, en qué es lo que ha logrado hasta ahora en su vida, en cuáles son sus mejores habilidades. Con mucha frecuencia, nos debatimos en nuestros propios pensamientos. ¿Qué ocurriría si les preguntáramos a otras personas sus puntos de vista? ¿Qué de bueno tendrían los demás para decirnos? ¿Alguna vez sus amigos, compañeros de trabajo o su antiguo jefe le han contado con qué habilidades cuentan ellos? La mayoría de nosotros no sorprendemos al escuchar sobre lo que los demás ven en nosotros. Y aunque entiendo que a veces las percepciones de los demás acerca de nosotros no concuerdan con la imagen que tenemos de sí mismos, sí sería valioso saberlas y no descartarlas por el simple hecho de que no estemos de acuerdo con ellas. Y en lugar de descartarlas, deberíamos explorarlas con el propósito de mejorar cuanto sea posible pues, al hacerlo, nos serviría para refinar y reenfocar nuestras ideas acerca de ese negocio o de esa nueva carrera que quisiéramos empezar.

Si usted habla con alguien acerca de sus planes, asegúrese de que sea con una persona que tiene experiencia en el negocio y que cuenta con la capacidad de apoyarlo, no de destruirlo. Preguntarle a alguien en quien usted no confía por completo a veces resulta siendo una experiencia negativa. Hágalo, pero cuando esté haciendo su sesión de lluvia de ideas, recolectando información y ejercitando su mente. Dicho esto, si usted le pregunta a alguien con experiencia y esta persona se reserva sus opiniones, preste atención. He visto algunas de estas ideas muy "tontas" en televisión, en revistas de negocios y en eventos que promueven la búsqueda de oportunidades. La gente ha invertido fortunas enteras cuando no había mercado para sus ideas. Por lo tanto, le sugiero que investigue cuál podría ser el mercado potencial que tendría lo que usted está pensando hacer.

¡PRÉMIESE!

A medida que avanza hacia sus metas también es importante que reconozca los logros que ha ido obteniendo. Prémiese de una manera significativa, incluso si es con algo pequeño. Tendrá que averiguar qué clase de premio le gustaría darse. A lo mejor se trata de una cena muy especial o de un fin de semana de descanso. O tal vez sea una caminata por el parque, pero asegúrese de que sea algo que le permita celebrar todo lo que ha logrado a lo largo de su camino al éxito.

Sin embargo, tenga en cuenta también el hecho de que es posible que surjan inconvenientes. De pronto usted ya ha fracasado en algunas cosas; pero aun así, también está bien; escríbalas en su diario para que pueda aprender de ellas. Yo también he enfrentado y tenido que aprender de muchos momentos difíciles, y me sigue pasando hasta el día de hoy. Sin embargo, todos estos obstáculos son necesarios porque, si no falláramos, lo más probable es que no nos esforzaríamos por aprender. Los fracasos nos muestran que estamos adquiriendo experiencia y avanzando hacia la meta.

Ya hablamos en el Capítulo Cuatro sobre tomar decisiones y adherirnos a ellas. Sin disposición no surge ninguna clase de determinación. Es hora de decidir que cumplirá sus metas. No es suficiente con que *trate* de cumplirlas. Con frecuencia utilizo el siguiente ejemplo cada vez que estoy enseñando frente a un grupo. Invito a alguien a venir al frente y le pido que se siente. Luego le pido que "trate de levantarse". "Un momento, no, no, no, usted se acabó de levantar", le digo; y hago que se siente de nuevo. Luego vuelvo a decirle: "Bueno, me gustaría que tratara de levantarse". La persona se levanta de nuevo y yo le digo: "No, no, no, espere un momento. Usted acaba de tomar la decisión de levantarse y se levantó. Lo que quiero es que *trate* de levantarse". Después de dos o tres veces en la misma situación es evidente lo que intento decir: que no es posible *tratar* de levantarse. Usted se levanta o no se levanta, ¡punto! Usted toma la decisión de levantarse o de quedarse sentado; pero, cuando pronunciamos la palabra "tratar", nuestro cerebro se confunde porque esa no es una instrucción *precisa*. Cuando decimos "trate de levantarse" nuestro cerebro nos dirige directo hacia la meta ya que estamos acostumbrados a levantarnos. Lo hemos visualizado y hecho durante miles de veces y nuestro cerebro asume automáticamente que si *tratamos* de levantarnos, en realidad *queremos* levantarnos y de inmediato nos impulsa directo a la acción. Observe que *tratar* no es un esfuerzo válido puesto que confunde al cerebro. Intentar hacer algo solamente lo detendrá de avanzar. De hecho, sería muy buena idea eliminar esta palabra del vocabulario.

Según Loe Tice, el fundador de Pacific Institute, el sistema reticular de activación de nuestro cerebro es de hecho un filtro que tamiza el ruido alrededor nuestro y nos protege de la ansiedad. Además nos ayuda a filtrar imágenes, sonidos y distracciones que podrían atentar contra nuestra vida si nos distraemos en un momento en el que deberíamos estar concentrados, como cuando vamos manejando o caminando por la calle. Esto mismo es cierto cuando estamos estableciendo nuestras metas. Es obvio que su objetivo es tener solo metas positivas; pero a veces, si usted no tiene cuidado, podría ser bombardeado con negativismo y de repente su cerebro comenzaría a arrastrarlo por ese camino. Ya hemos discutido antes sobre la frecuencia con la que somos bombardeados con toda clase de mensajes y de ruido a través de la televisión y la radio.

Usted debe alimentar su mente subconsciente con mensajes positivos frecuentes para que los resultados también sean positivos. Recuerde que el sistema reticular activador también puede filtrar lo positivo. Sin embargo, utilizando las técnicas que hemos cubierto hasta aquí, junto con su MPP de siete minutos, usted se dará cuenta de que es capaz de cambiar sus pensamientos hasta llevarlos en la dirección que quiera y hasta obtener los resultados que espera.

Asegúrese de pensar en grande porque las metas pequeñas no nos confrontan ni exigen mayor esfuerzo de nuestra parte. Por eso es mejor que siempre piense en grande. Sálgase de su zona de confort. ¿Alguna vez ha pensado en que le gustaría ganar mensualmente el dinero que se gana en este momento en todo un año? ¿Es esa una meta muy alta para usted? Para mucha gente, pensar en algo así es demasiado estresante y, de hecho, tan desalentador, que comienzan a deprimirse. Usted necesita que sus metas sean alcanzables y realistas, por supuesto; pero yo creo que para la mayoría de la gente es posible visualizar cómo sería ganar tanto dinero en un mes como el que está ganando en todo un año.

Vayamos un paso más adelante. ¿Cómo sería ganar en una semana lo que se está ganando en un año? ¿Sería demasiado pedir? De cualquier manera, está bien. Es solo una pregunta, algo que se me ocurre preguntarle para que usted lo piense. Cuando yo comencé a ganar en un mes lo que ganaba en un año, me sentí bastante emocionado.

De repente me sobraba mucho dinero al final del mes, mientras que en el pasado, después de mi bancarrota, ¡siempre tenía demasiado mes al final de mi dinero! Es emocionante y divertido tener mucho dinero contante y sonante. Sin embargo, a pesar de lo mucho que había añorado ganar cantidades de seis cifras al mes, esa fue una de las experiencias que no lograba comprender por completo, aunque soñaba con que me ocurriera. Cuando comencé a ganar decenas de miles de dólares por mes pude comenzar a entender cómo sería ganar seis cifras durante ese mismo periodo y todo lo que eso representaría en mi vida.

A medida que comience a progresar y a crecer hasta acomodarse en su zona de confort, usted mismo se dará cuenta de cuanto se expande en su comodidad, en su visión de las cosas y en su capacidad para alcanzar mucho más. Pero no se preocupe por su actual situación; donde usted está hoy es donde usted está hoy. Sin embargo, no es donde estará dentro de un año, ni en dos, ni en cinco.

Llegará el momento en que usted comprenderá e internalizará al 100% todo este material y todas estas técnicas. Dicho esto, hasta que usted no las conozca a la perfección y se le conviertan en una rutina, necesitará un poco de disciplina. Así que, haga como los vendedores, practique su material y ensaye sus presentaciones.

A medida en que usted se convierta en un generador de ideas y en un experto de la visualización, se irá dando cuenta de que su vida comenzará a manifestarse en la manera que usted tanto ha soñado. En mi caso, ocurrió rápidamente. Los cambios comenzaron a manifestarse en cuestión de días y semanas después de haber implementado las estrategias consignadas en este libro. Nuestro cerebro es probablemente el computador más fino que existe en el mundo entero. Tenemos nuestra mente consciente que es generadora de las ideas de todo lo que queremos tener en nuestra vida y estas ideas nos ayudan a entender hacia donde queremos avanzar. Sin embargo, es nuestra mente subconsciente la que de hecho manifiesta todos esos pensamientos y nos mueve hacia adelante en pos de nuestras metas.

Ya estamos a punto de comenzar el proceso de programación de su computador, de su cerebro, de su mente subconsciente para que usted construya su futuro como mejor le parezca. Usted usará su mente consciente para construir las ideas y el plan a seguir, y luego le permitirá a su subconsciente que convierta todo esto en realidad. La mente subconsciente se encarga de las estrategias a medida que usted hace el trabajo físico; mientras tanto es la programación continua de su mente subconsciente la que lo llevará al lugar al que usted desea llegar.

Mientras va poniendo en práctica y mejorando todas estas técnicas, también irá encontrando más y mejores ideas que irán fluyendo cada vez con mayor frecuencia y harán que encuentre diversas formas de convertir en realidad sus sueños. A medida que se ejercita, busque imágenes de todo lo que quiere lograr en su vida y luego comience a imaginarlas en su mente consciente. Mejorará su manera de hacerlas realidad a través de sus habilidades subconscientes.

En el siguiente capítulo pondremos en conjunto todo sobre lo cual hemos hablado hasta aquí. Estoy muy emocionado con respecto al siguiente capítulo porque hemos trabajado en función de su contenido a lo largo de toda esta lectura. Me refiero a aprender a programar su MPP de siete minutos. Asegúrese, antes de avanzar al siguiente capítulo, de haber completado todos los ejercicios de este y de los capítulos anteriores. A menos que ya los haya completado, no estará listo para trabajar en su MPP de siete minutos.

"Los pensamientos se convierten en cosas.
Si usted las visualiza en su mente, las tendrá en su mano".

Bob Proctor

Siete minutos –su llave maestra

En el capítulo anterior hablamos sobre la manera de entrenar el cerebro para que sea más efectivo en su habilidad de generar ideas e imágenes vívidas que su mente subconsciente pueda convertir en realidad. A lo largo de este libro usted ha realizado una variedad de ejercicios y yo he estado hablando acerca del MPP de siete minutos que cada lector implementará según sus expectativas. Este será el ejercicio más importante de este libro porque le ayudará a programar su mente subconsciente para que atraiga y convierta en realidad todo lo que usted desee alcanzar y de maneras que nunca creyó posibles hasta este momento.

Ya sabemos que es usted quien inicialmente genera sus pensamientos en su mente consciente, y que su mente subconsciente se encarga de convertirlos en realidad. Esta parte subconsciente no tiene la habilidad de juzgar si lo que usted desea obtener es positivo o negativo y actúa basada únicamente en los pensamientos e influencia de la mente consciente. También he mencionado unas cuantas veces que lo que añoramos se convierte en realidad; que podemos construir nuestras expectativas, e incluso nuestra habilidad para esperar lo que queremos que ocurra a futuro, utilizando el MPP. Además sabemos que lo que usted quiera que sea realidad es justo lo que se convertirá en realidad. Y que donde usted está hoy no tiene ningún efecto con respecto a donde usted quiere estar mañana, en dos meses o en dos años a partir de ahora.

Su mensaje personalizado y programado es la clave maestra de todo lo que usted ha aprendido y ejercitado hasta este punto. Entonces ¿qué es exactamente este MPP de siete minutos y para qué sirve? Su mensaje personalizado y programado es un audio de su propia voz que tiene una duración de siete minutos y le sirve para cambiar y programar su mente subconsciente con el fin de que está le ayude a alcanzar lo que sea que usted quiera alcanzar. Cuando su mente subconsciente escucha su propia voz, se abre y responde con mayor rapidez porque lo reconoce. Si usted quiere que otra persona le grabe su mensaje, es probable que también funcione, pero no será tan efectivo como si se trata de su propia voz.

Teniendo en cuenta que todas las metas necesitan ser realistas, alcanzables y precisas, recuerde que también necesita un marco de tiempo exacto durante el cual disponerse a realizarlas. Por ejemplo, si usted está hablando de ventas, sea específico, no solo con respecto a la cantidad de ventas que quiere hacer, sino también respecto al marco de tiempo durante el cual pretende hacerlas: un año, un mes, una semana. Del mismo modo, si tiene una meta que consiste en perder peso, decida con exactitud a qué peso quiere llegar. Un ejemplo para una persona que trabaja en finca raíz sería algo como: "Hago un mínimo de una venta semanal. Lo consigo haciendo con entusiasmo llamadas en frío a partir de las 8:30 a.m. hasta las 10:01 a.m., de lunes a viernes y empleando la Realidad del Filo de la Navaja en todos los aspectos de lo que haga. A la vez, contacto a un mínimo de 10.000 personas por trimestre a través de campañas de mercadeo vía correo electrónico". Lo anterior demuestra lo que quiero decir con respecto a expandirse en las tareas específicas que necesitará realizar para conseguir esta meta en particular.

Establecer metas es crucial para conseguir lo que usted desea de la vida. No importa cuántas veces tenga que decirle que, para alcanzar sus metas, necesita tener una idea clara respecto a qué es lo que quiere lograr. Si es impreciso en este punto, no llegará muy lejos. Establecer metas en el mundo de los negocios es una herramienta poderosa que motiva al personal, y en este caso usted la utilizará para motivar a la persona más importante de su empresa: usted mismo.

El valor de establecer metas es tan universalmente reconocido que las normas básicas para establecerlas están incorporadas en la mayoría de las políticas empresariales. Además, este método es reconocido como una de las herramientas más poderosas e inspiradoras en la administración de recursos humanos y con frecuencia se utiliza en las prácticas de conducta organizacional. Muchos de ustedes ya se habrán familiarizado con (*SMART*), la técnica para establecer metas inteligentes las cuales deben ser:

Specific (específicas)
Measurable (medibles)
Attainable (alcanzables)
Relevant (relevante)
Time-bound (establecidas dentro de un marco
de tiempo específico)

Mantenga presentes en su mente todos estos conceptos cuando esté estableciendo sus metas e irá por el camino indicado para cumplirlas.

Hacia el final de la década de 1960, el Dr. Edwin Locke sentó las bases en cuanto a establecer metas y encontrar la motivación adecuada para ir en pos de ellas. En su artículo de 1968, *Toward a Theory of Task Motivation and Incentives,* él afirma que "los empleados se sienten motivados por unas metas claras y una retroalimentación apropiada". Locke continuó diciendo: "Trabajar en función de una meta establecida genera una mayor fuente de motivación para llegar a cumplirla –y esto a su vez mejora el desempeño". Yo sé que esta afirmación es cierta porque lo he comprobado en mi experiencia: cuando yo establezco una meta para mí mismo, mido mi progreso y me aseguró de estar en la vía correcta a alcanzarla.

Después de 40 años es probable que no reconozcamos qué tan revolucionaria fue esa afirmación en aquel tiempo. Veamos qué más dijo Locke con respecto al tema de establecer metas y encontremos maneras de aplicar su teoría a nuestras metas por cumplir.

TEORÍA PARA ESTABLECER METAS

La investigación conducida por Locke demostró claramente que existe una relación entre la dificultad de una meta, qué tan bien definida esté y cómo desempeñar cada tarea. Mientras más específica y difícil sea la meta, mayor será el desempeño que se requiere para ejecutar las tareas que contribuirán a alcanzarla. A esto se debe que sea tan importante definir muy bien las tareas. Las metas vagas o fáciles no generarán resultados sorprendentes. Cuando digo que hay que "pensar en grande", es eso exactamente a lo que me estoy refiriendo. Una meta demasiado pequeña será descartada por su poco valor en su mente subconsciente.

El lenguaje positivo también es de mucha importancia en este caso. Usted le dice a alguien que "traté bastante" o que "trate de dar lo mejor de sí", pero esos mensajes no serán efectivos. Recuerde que el cerebro no sabe avanzar hacia una meta que implique "tratar"; se hace o no se hace. Utilizar lenguaje positivo en tiempo presente le permite al cerebro imaginárselo a usted obteniendo sus metas; por lo tanto, le ayuda a avanzar hacia esa visión. ¡Amplíe su zona de comodidad! Sus metas deberían servirle para esforzarse y crecer como persona. Deben ser alcanzables, pero también deben valer la pena el esfuerzo.

Después que Locke publicó su revelador artículo, el Dr. Gary Latham, otro investigador, decidió estudiar sobre cuáles serían los efectos de establecer metas en el lugar de trabajo. Los resultados apoyaron lo que Locke acababa de encontrar y fue así como se creó un vínculo inseparable entre la importancia de establecer metas y su influencia en el desempeño del personal en su lugar de trabajo.

En 1990, Locke y Latahn publicaron su influyente trabajo, *A Theory of Goal Setting and Task Performance*. Este libro destacó la importancia de establecer metas altas y específicas, más otras tres características importantes inherentes al hecho de establecer metas potencialmente rentables.

LOS CINCO PRINCIPIOS IMPORTANTES CON RESPECTO A ESTABLECER METAS

Con el fin de motivar a otras personas, y en especial a usted mismo, sus metas deben tener los siguientes atributos. Deben tener:

- Claridad
- Retos

- Compromiso
- Retroalimentación
- Complejidad

Veamos cada una de ellas.

CLARIDAD

Como dije antes, las metas claras son medibles y explícitas. Cuando usted traza una meta clara, esta tiene un marco de tiempo definido para su terminación y no hay lugar a malentendidos en su mente subconsciente. Usted sabe lo que espera de usted mismo y los resultados son su fuente de motivación. Cuando una meta es general, como en la frase "tomar la iniciativa", no hay en ella suficiente motivación porque el resultado de esta conducta no es claro ni determinado. Las metas claras utilizan marcadores específicos y medibles.

Recuerde el acrónimo SMART: asegúrese de que haya claridad en sus metas porque son específicas, medibles, alcanzables, relevantes y están dentro de un marco de tiempo determinado. Su subconsciente necesita de todas estas características para funcionar apropiadamente.

RETOS

Otro aspecto importante para tener en cuenta al trazar una meta es el nivel de desafío que usted quiera afrontar. Cuando usted sepa que alcanzará lo que quiere lograr, descubrirá una inspiración natural e innata para hacer una buena labor, no solo para usted, sino en beneficio de quienes lo rodean. A medida que aumenta el grado de dificultad de sus metas, las recompensas también aumentan exponencialmente. Si usted sabe que va a ser bien recompensado al alcanzarlas, su nivel de entusiasmo se incrementará a medida que se acerca a ellas y es apenas natural que las alcance. Por lo tanto, cuando las esté estableciendo, asígnele a cada una cierto grado de dificultad. Si una meta es demasiado fácil, lo más probable es que no ejercite mucho su capacidad de esfuerzo.

Sin embargo, es importante que encuentre un balance entre establecer metas retadoras y a la vez realistas. Recuerde que es posible sentirse desmotivado y sin inspiración, sobre todo cuando tiene al frente una meta imposible de cumplir. Todos tenemos una fuerte necesidad de triunfar y sentirnos satisfechos con nuestros logros, así como de sentirnos inspirados por un deseo de cumplir metas realistas y alcanzables. Recuerde que en el acrónimo SMART, la A representar el concepto de Alcanzable.

COMPROMISO

Para que sus metas sean efectivas usted necesita entenderlas consciente y subconscientemente. Cada uno de nosotros tendemos a involucrarnos más en una meta cuando sentimos que hemos tomado parte activa generándola y organizándola. Su compromiso para lograr sus metas, así como el nivel de dificultad que les haya imprimido, por lo general trabajan juntos. En realidad, es cuestión de sentido común: mientras más difícil sea la meta, mayor será el compromiso que se requiera para alcanzarla. Cuando las metas son fáciles no se necesita demasiada motivación, ni inspiración, ni voluntad para cumplirlas. El subconsciente ve que las metas fáciles no requieren de su esfuerzo. Si usted trabaja en algo difícil, lo más probable es que se enfrente a retos que requieran de mayor inspiración, disciplina e incentivo. Su cerebro reconoce todo este esfuerzo como un reto en el cual él debe ayudarle, y es allí donde además entra en acción su MPP –que le ayudará a sentir que usted quiere permanecer comprometido y así permanecerá.

RETROALIMENTACIÓN

Aparte de elegir metas adecuadas, para que su conjunto de metas sea efectivo usted necesita incluir retroalimentación. La retroalimentación le permite la oportunidad de clarificar sus expectativas y considerar la posibilidad de ajustar el grado de dificultad de sus metas. También le permite evaluar su progreso. Establecer puntos de medición hace que usted determine por sí mismo qué clase de progreso está haciendo. Utilice todos estos marcadores para medir los avances específicos que va haciendo durante el camino. Más adelante hablaremos sobre esto en detalle y veremos que la idea es partir la totalidad de la meta en tareas manejables y cortas. Establecer objetivos es especialmente importante si va a tomarle una cantidad de tiempo considerable llegar a su meta.

Recuerde, en el acrónimo SMART, sus metas necesitan ser Medibles, lo cual significa que se pueda observar con claridad qué clase de progreso está haciendo. Si se siente inseguro de cuándo hacer una retroalimentación, quizás un mentor o alguien en una situación parecida a la suya podrían retroalimentarlo. Y aunque sacar tiempo para sentarse con alguien y conversar sobre cómo va con su meta es de gran ayuda para ir mejorando, tampoco es esencial.

Cuando yo trabajaba en finca raíz solía graficar mis ventas y la cantidad de dinero que ganaba con cada una de ellas. De esa manera tenía una retroalimentación instantánea que además me producía verdadera motivación. Siempre procuraba que mis gráficas fueran más altas que la anterior y, utilizando mi APP, me las ingeniaba para que así fuera. De hecho, el año que empecé a utilizarlo llegué a doblar el número de mis ventas y la cantidad de mis ganancias. ¡Experimenté un gran sentimiento!

COMPLEJIDAD

La última característica importante cuando se trata de establecer metas tiene que ver con adicionar dos elementos importantes para lograr éxito. Cuando se trate de metas complejas, présteles especial atención y asegúrese de que no se le conviertan en metas estresantes. Lo más probable es que usted ya se sienta bastante motivado e inspirado para trabajar en función de mejorar su estilo de vida. Sin embargo, no se esfuerce demasiado imponiéndose una complejidad extrema. Piense en esto:

Dese el tiempo adecuado para alcanzar cada meta en general y los objetivos a corto plazo que requiere para alcanzarla.

Aparte el tiempo suficiente para practicar o aprender lo que se requiera para alcanzar el éxito que está buscando. Por eso es que debe incluir en su MPP de siete minutos las tareas que necesitará realizar durante el camino hacia sus metas.

Todo esto aumenta la característica de meta "Alcanzable" propuesta en SMART. El propósito de establecer metas y objetivos es facilitar su camino al éxito; por lo tanto, no permita que una circunstancia alrededor de sus metas lo frustre o lo inhiba de alcanzarlas.

CÓMO ESCRIBIR SU MENSAJE PERSONALIZADO Y PROGRAMADO

Ahora vamos a dividir cada meta en las tareas específicas que se requieren para alcanzarla. Usted incluirá estas tareas en su MPP. Comience con la meta más larga; digamos que una de sus metas es ganarse $100.000 dólares en ventas durante el año próximo. ¿Cuántas presentaciones necesita hacer para cerrar una venta? ¿Con cuántos prospectos tiene que hablar para hacer una presentación? ¿De cuántos contactos o llamadas se requiere para conseguir un prospecto?

Asumiendo que necesita cerrar 50 ventas para ganarse $100.000, ¿qué tendría que decir su mensaje personalizado y programado? Algo como esto: "Hago un mínimo de 50 ventas este año y todos los años. Eso es un mínimo de una venta por semana. Lo logro con entusiasmo haciendo dos presentaciones profesionales por semana y realizando un mínimo de 100 llamadas en frío cada semana". Y así sucesivamente. Comience con el panorama más grande en mente y luego divídalo en tareas. Grabe y describa de manera específica todas las tareas que va a realizar para lograr las metas que tiene en mente, una a la vez. Hable con naturalidad y elija palabras con una carga emocional fuerte.

Las 10 palabras consideradas como las más poderosas en el mundo de la publicidad son: *nuevo, guardar, probado, amor, descubrir, garantía, salud, resultados* y *usted*. Hay un par de palabras que no aparecen en ese listado, que son libertad y sexo, pero es porque se han utilizado demasiado. Le doy esta lista porque ellas evocan en el lector, en quien escucha o en quien observa la propaganda una gran carga emocional. Estas son palabras clave que se utilizan con mucha frecuencia en los avisos publicitarios y no tienen por qué ser parte de su MPP. Tal vez algunas le funcionarían y usted quisiera utilizarlas cuando esté hablando acerca de sus relaciones personales o de otras metas. Como dije antes, usted tendrá su propio vocabulario y palabras que tengan mucho significado emotivo en su vida.

Busque maneras de generar emoción en lo que sea que decida decir en su MPP. Es extremadamente importante que así lo haga. Cuando hable de relaciones también es importante entender que usted no puede cambiar a nadie. Sus metas y tareas deben ser para usted y solo para usted. La única persona a la cual usted tiene la opción de cambiar es a usted mismo. Usted no puede cambiar a su pareja, ni a su socio, ni a nadie a su alrededor. Por estas razones, al enfocarse en una meta relacionada con relaciones interpersonales debe asegurarse de ser muy positivo y trabajar en usted mismo y en la clase de persona que le gustaría ser o en la clase de persona que le gustaría atraer a su vida, tenga en cuenta que usted no puede convertir las acciones de los demás en una meta suya.

Además, es muy importante escribir su mensaje en presente. Cuando esté hablando de la cantidad de ventas que necesita hacer por semana, diga: "*Hago* un mínimo de una venta por semana", y mencione una fecha o marco de tiempo específico. Le servirá el año en curso o diga: "Para diciembre 31 de 2XXX". Para más ejemplos de metas escritas en su APP, consulte el Apéndice al final de este libro.

Existe una razón por la cual enunciamos no solo las *metas*, sino también las *actividades y tareas* asociadas con esas metas. Usted quiere programar su mente para ejecutar esas tareas con entusiasmo y entendiendo y sabiendo que ellas son parte del cumplimiento de sus metas. Mencionar apenas el resultado final no es suficiente; pero, cuando usted escriba su MPP de esta forma, se dará cuenta de que disfrutará más durante el proceso de alcanzar sus metas.

En cuanto a reemplazar sus pensamientos y sus puntos de vista de siempre por otros nuevos y frescos, esos pensamientos y puntos de vista anticuados permanecerán en su mente subconsciente hasta que usted los reemplace con los nuevos. Entre más tiempo hayan permanecido con usted, más tiempo le tomará reprogramar su mente subconsciente. Por lo general, para cambiar de hábito se requiere un promedio de 21 días. Así que, si usted es nuevo en este proceso, como supongo que lo es, espere por lo menos tres semanas antes de ver los resultados. Sin embargo, es probable que comience a sentirse entusiasmado de inmediato con el proceso, y que su entusiasmo le ayude a atravesar por este periodo de tres semanas e incluso por más tiempo.

Si un hábito ha estado arraigado en su mente durante muchos años y nunca ha trabajado en él, a lo mejor le tome más tiempo desarraigarlo. Cuando usted está construyendo un nuevo sistema de creencias, puede llegar a tomarle por lo menos 30 días cambiar un hábito –y a veces más–, pero no se desanime y siga reprogramando su mente subconsciente dándole algo nuevo en qué enfocarse y trabajar. Y eso no se hace de una sola vez –tres semanas, y estará listo. Siga trabajando en su MPP tanto como quiera para planear y cumplir sus metas; en otras palabras: para siempre.

Hasta ahora su mente subconsciente había trabajado únicamente con ideas negativas o con pensamientos que llegaban a su mente a diario a través de mensajes externos. A lo mejor usted no ha trabajado mucho desde una perspectiva positiva de la vida. A medida que vaya agregando nuevas ideas a su sistema de pensamientos podrá ir agregando más y más pensamientos y metas cada vez más interesantes y mejores; y logrará más cosas. Cada vez que enuncia una meta utilice siempre la forma positiva. En otras palabras, exprésela utilizando terminología positiva dentro del enunciado. Nunca utilice palabras negativas como *no* o *tratar*.

Piense en un entrenador de lanzadores de pelota de béisbol que no entiende ese concepto y sale al campo a decirles a sus jugadores: "Bueno, no tiren la pelota contra la tribuna". Acto seguido, entra el jugador que está bateando con un promedio de .300 y lo está haciendo muy bien, así que no hay riego de que lance alguna bola contra la tribuna. Entre tanto, el entrenador regresa a la caseta. El lanzador tira la bola ¿y qué hace? La lanza justo al centro de la tribuna, como le dijeron que no lo hiciera. El bateador la saca de la cancha y ¡home run! El lanzador se mete en problemas porque, de hecho, la instrucción del entrenador fue equivocada. No debió decirle que "no la tirara hacia la tribuna". Lo que debió decirle fue que "se asegurara de tirar la bola lejos de la tribuna". En otras palabras, debió haberle dado la misma instrucción, pero utilizando un enunciado positivo y no el negativo.

El subconsciente reacciona extrañamente frente a las negativas. Una palabra negativa es "confusa" para el cerebro. En lugar de eso, reacciona a la instrucción positiva; en el caso anterior sería "tirar la bola a la tribuna". Cuando usted esté seleccionando sus palabras y su historia para sí mismo, hágalo en tiempo verbal presente y afirmativo: "Hago un mínimo de una venta por semana". Usted está haciendo esa venta en tiempo presente, ahora mismo. Lo otro que usted debe haber notado es la palabra "mínimo". Cuando la usa en los enunciados apropiados, les quita cualquier limitación a sus metas y les da la opción de realizar aún más.

El enunciado debe ser directo al punto y simple. No redacte su MPP como para ganarse un premio de Literatura. Usted va a usarlo para programar su cerebro de una manera simple, directa y descriptiva que genere emociones. Piense en palabras que lo muevan porque tienen un significado profundo para usted y por lo tanto lo comprometen y hacen que quiera avanzar en el cumplimiento de sus metas. Y sea tan detallado como le sea posible.

Haga una descripción personalizada de la visión que tiene de su meta y de lo que quiere ver convertido en realidad. Recuerde: usted está pintando un paisaje mental y va a estar escuchando este mensaje personalizado y programado durante siete minutos diarios, todos los días; una vez por la mañana y otra vez por la noche. Lo más probable es que quiera hablarse a sí mismo de una manera detallada que describa y genere el panorama que usted desea.

Hable de usted en primera persona (yo) en su MPP. Algunas personas le dirán que utilice la segunda persona (usted, tú); me dicen que funciona; yo, personalmente, siempre he utilizado la primera persona y me parece 100% eficaz. Otra gente con la que he trabajado hace lo mismo y también les funciona a la perfección. Hable como si le estuviera contando a alguien más acerca de sí mismo. Recuerde: diga "yo", no "usted, ni tú".

GENERE SU MENSAJE

Elija sus metas y tareas en las diferentes áreas de su vida –finanzas, negocios, relaciones, salud y buen estado físico– y escríbalas de manera detallada, dividiéndolas en secciones (como en los ejemplos que aparecen en el Apéndice A). Una vez que esté listo, léalas y cronometre el tiempo que se demora en leerlas. Su mensaje debe durar aproximadamente siete minutos. Si son cinco, está bien; si son ocho, también está bien; la cuestión es que dure apenas como para que usted no saque excusas para no escucharlo –todos los días, dos veces diarias. Si su MPP es de siete minutos, dos veces al día, esto significa que debe incorporar esos 14 minutos a su horario habitual; disponga de ese tiempo para escucharlos. Una vez que esté satisfecho con su mensaje, grábelo para que pueda escucharlo.

Cuando esté grabándolo, le sugiero un micrófono –no es necesario, pero es de gran ayuda. Asegúrese de que el tono de su voz sea calmado, suave y natural. Usted quiere que su voz suene como es. Utilice un tono agradable, pero no sea muy dramático –usted no está tratando de generar emociones con su voz. Las generará gracias a las palabras que elija y no al tono de su voz. Tenga en cuenta que también escuchará su mensaje antes de irse a dormir e incluso durante su sueño, si así le parece.

De nuevo, su voz no es el instrumento con el cual usted generará emociones; sus palabras e imágenes se encargarán de lograr ese efecto. Si usted es eficiente en el uso del computador, a lo mejor decide que quiere agregarle imágenes a su MPP. Tal vez quiera diseñar una presentación en PowerPoint con el sonido de su voz narrándola. Utilice las imágenes que ha estado coleccionando desde el Capítulo Nueve. Si usted es una persona visual, las imágenes junto con las palabras podrían beneficiar su conexión emocional con las metas que ha trazado, pero recuerde que nada de eso es necesario y asegúrese de no usar ninguna de estas opciones como una excusa para no hacer su grabación. Grabe primero su MPP, comience a usarlo y más adelante, si decide agregarle imágenes porque ve que le serían útiles, agréguelas. Podrían beneficiarlo porque ahora estaría utilizando dos de sus sentidos: la vista y el oído —si tiene imágenes ante sus ojos, visualizar su futuro sería más fácil. La clave está en permanecer relajado. Si hace un vídeo, siéntese, escúchelo y véalo. En ambos casos estaría visualizando lo que sus palabras están expresando.

No finja entusiasmo; hable y reproduzca imágenes que le generen emociones. Se dará cuenta de que los resultados surgen de inmediato (casi siempre), pero se necesita un poco de tiempo, no se preocupe. Como dije antes, se requiere de 21 días para formar un hábito; y si sus hábitos ya han estado arraigados durante una cantidad de tiempo bastante considerable, es probable que se demore un poco más en ese proceso de cambio.

Escuche su grabación bien temprano en la mañana, tan pronto como se levante y antes de hacer, virtualmente, cualquier otra cosa. Quizá quiera bañarse primero, claro; pero después, mientras su mente todavía está abierta y no han comenzado a surgir tantos pensamientos, siéntese, conecte sus audífonos bien sea en su teléfono celular, en su computador o en cualquier otro artefacto que utilice. Relájese, tome unos cuantos respiros profundos que le ayuden a relajarse, y luego escuche su grabación. Préstele toda su atención y asegúrese de que su mente esté visualizando todo lo que su grabación está diciendo a medida que se escucha a sí mismo enunciar sus metas y tareas; hágalo, como ya he dicho antes, todas y cada una de las veces que escuche su MPP. La idea es internalizar todo lo que está escuchando en su propia voz.

Haga lo mismo en la noche, justo antes de irse a acostar. Que eso sea lo último que haga antes de apagar las luces y meterse entre su cama, cuando su mente subconsciente esté receptiva y abierta. Procure estar relajado durante esos siete minutos para escuchar sus propias palabras y su voz. No se preocupe si su voz le disgusta pues toda la gente siente el mismo disgusto por su propia voz al comienzo. Pero después, cuando se vaya a dormir, su mente subconsciente estará trabajando, formulando maneras en las que pueda convertir en realidad todo lo que usted quiere lograr en la vida. Le será más fácil concentrarse si utiliza audífonos. No es necesario, pero los audífonos le permiten tener privacidad e intimidad con su propia voz.

Así que relájese; que su grabación sea lo primero que usted escuche en las mañanas y lo último en la noche; se dará cuenta de que estará más enfocado a lo largo del día trabajando *en función* de sus metas. Logrará todos sus objetivos.

Este método es el que se conoce como "aprendizaje subliminal" y se refiere a enviar mensajes directamente a su subconsciente por debajo del umbral de su conciencia. La técnica de los mensajes subliminales es en la actualidad probablemente la herramienta más subestimada y malentendida para mejorar el rendimiento. El término "subliminal" proviene de dos palabras latinas –*sub*, que significa "debajo"; y *limen*, que significa "consciente".

La programación subliminal se utiliza para ubicar ideas o pensamientos en la mente subconsciente, reforzar información que ya está almacenada allí, y en este caso, que usted ha creado. Además incrementa su atención selectiva. La respuesta a un mensaje subliminal es diferente a la manera de responder a un mensaje consciente. Los mensajes subliminales implican que usted no reaccione a un estímulo por debajo de su umbral fisiológico, sino también por debajo de su umbral perceptivo.

Por ejemplo, si usted escucha el timbre del teléfono mientras está utilizando la aspiradora y de pronto la apaga para asegurarse de que el teléfono está sonando, esa es una experiencia en la cual usted está utilizando la "programación subliminal". Aunque el sonido de la aspiradora era más alto que el del teléfono (por debajo de su umbral perceptivo), el sonido del teléfono generó (reforzó) su deseo mental de actuar y contestar la llamada. Existen diversas formas de escuchar los mensajes subliminales, una de las cuales es crear y escuchar su MPP de siete minutos en su propia voz.

¿POR QUÉ USAR MENSAJES SUBLIMINALES?

Como dije antes, no es solamente el pensamiento consciente, sino también el subconsciente el que tiene la clave de su vida. Sé que funciona porque literalmente me ha servido para ganar millones de dólares.

Mucha gente cree que su manera de vivir se debe a factores tales como antecedentes familiares, educación, economía, medio ambiente, destino o simplemente pura suerte. Sin embargo, en últimas, no son las circunstancias externas las que determinan el curso de la vida ni marcan la diferencia entre ser feliz y alcanzar el éxito y ser frustrado y fracasado. La diferencia tiene que ver con la manera de pensar, las actitudes y la conducta en los niveles profundos de la mente. Todo esto, en adición a los pensamientos conscientes, es lo que ha hecho que la vida de cada individuo sea como es hoy.

Las influencias externas son tal vez las que lo han detenido de alcanzar sus metas, pero usted y sus pensamientos son su única limitación. La vida de cada persona es lo que sus pensamientos y decisiones han decidido que sea. Todos nosotros somos el producto de nuestra manera de pensar. La programación subliminal le servirá para ir tras lo que usted desea. De ahora en adelante todos esos viejos hábitos, conductas y maneras de pensar pueden ser reemplazados por los que usted quiera sembrar y cultivar directamente en su subconsciente utilizando su MPP –el cual producirá un cambio consciente y le ayudará a desarrollar su verdadero potencial.

¿Recuerda que hablamos acerca de todos los mensajes negativos con los que somos bombardeados a diario? Los mensajes subliminales, mediante el uso de su MPP, le permitirán tener acceso a su mente subconsciente y cambiar los efectos de años de mensajes recibidos al azar a través de los medios, los amigos, las propagandas, la familia, los colegas, etc. Años y años de escuchar y acumular tantos mensajes aleatorios han hecho que dichos mensajes invadan su mente. Esos mensajes son los responsables de causar dudas y temores, así como los hábitos que usted ha formado y que han adquirido el poder de controlar el resto de su vida, si usted se los permite. Además, estos mensajes aleatorios también podrían impedirle alcanzar su máximo potencial.

Existe una manera más de utilizar su grabación: duerma aprendiendo. Yo lo he hecho y me ha funcionado, sobre todo si uno quiere acelerar el cambio de su programación sub-consciente. Dormir aprendiendo funciona. Consiga una "al-mohada con parlantes" y ponga a funcionar su MPP de siete minutos de una manera silenciosa y continua mientras usted duerme. Su mente subconsciente recibirá el mensaje directa-mente.

Cuando yo comencé a grabar mis MPP no tenía un com-putador portátil. De hecho, no tenía ninguna clase de compu-tador y utilizaba una grabadora de casetes y en ella conectaba mi audífono con un solo auricular. ¡Cómo han cambiado los tiempos! Ahora usted puede hacer esta clase de grabación en un teléfono inteligente, en un computador, utilizando progra-mas online, en androides o a través de iOS. Tampoco necesita un software especial. Solo estoy resaltando el hecho de que hoy en día hacer una grabación es una cuestión simple que no implica ninguna clase de costo adicional.

Usted querrá mantener un control sobre su progreso y sus logros a medida que comienza a alcanzar sus objetivos a cor-to y largo plazo. También tendrá claras las metas que quiere cumplir dentro de tres y seis meses a partir de ahora –las cuales podrían convertirse en los pasos intermedios hacia metas más grandes. Como tal, será necesario volver a grabar un nuevo MPP a medida que avanza y logra sus metas. Y continuará estableciendo otras metas nuevas y más altas, o tal vez empiece a añadirles a las que ya tiene algunos objetivos en los que no había pensado hasta ahora.

Solo recuerde que usted no desea que cada grabación sea demasiado larga. Si la hace en un cuarto de hora, lo más probable es que empezará a sacar excusas para no escucharla porque le parece demasiado largo el tiempo que necesita para comenzar a producir en las mañanas o hacer el cierre en las noches. Por eso es importante que su mensaje sea conciso y al grano. Todo el mundo puede tomarse siete minutos justo antes de irse a la cama y tan pronto como se levanta. Esta es una técnica de gran alcance y, según mi experiencia, parece funcionarle a todo el mundo.

Si uno de sus objetivos es generar ideas que le produzcan la riqueza que está buscando, entonces una de sus tareas será generar esa idea dentro de los próximos tres meses, seis meses o un año, para que pueda implementarla casi inmediatamente. Así irá alcanzando poco a poco el estilo de vida que anhela a la vez que produce todos los ingresos que necesita. Hay muy pocos trabajos que tienen la capacidad de crear el estilo de vida y la libertad que le gustaría tener; lo cierto es que, ya sea que usted esté o no buscando un trabajo ideal, estas estrategias funcionan.

Tal vez lo único que anhela por ahora es aumentar sus ventas en su trabajo actual. En ese caso, estas técnicas también funcionan igual de bien. El primer año que yo utilicé este proceso en mi carrera de bienes raíces doblé mis ventas. Ya me estaba yendo "bien", pero pasé de ese nivel al de "muy, muy bien" y me convertí en uno de los 10 agentes inmobiliarios más exitosos de mi área. Al mismo tiempo, a medida que aumentaba mis ventas de bienes raíces, también estaba consolidando un negocio de miles de millones de dólares.

Sin lugar a dudas, puedo decirle que este proceso funciona. Yo lo implementé en mi vida y he visto que también les funciona a otros. Por estas razones no puedo dejar de animarlo para que aprenda estas técnicas tan simples y las implemente. Descubrirá rápidamente lo que tiene y puede hacer con el fin de realizar los sueños que tanto añora. Alcanzará el éxito, el estilo de vida, las relaciones, los niveles de condición física y todas las metas que se disponga a lograr. Sean las que sean, las logrará concentrándose y utilizando su propio MPP de siete minutos.

Este es un proceso muy simple y sencillo, pero también sorprendentemente potente. Le funcionará a usted puesto que ya me ha funcionado a mí. En la parte final vamos a hacer una breve reseña de lo que ya hemos visto a lo largo de toda la lectura. ¡Y espero que me cuente algún día la historia de su éxito!

"Tanto en la literatura como en la vida, lo que en realidad perseguimos no son conclusiones sino comienzos".

Sam Tanenhaus

CONCLUSIÓN

Ya hemos avanzado bastante en nuestra jornada y durante el Capítulo Diez resumimos la esencia de esta lectura. A este punto usted debería estar listo para generar su mensaje personalizado y programado de siete minutos, el cual será una de las herramientas más importantes con las que cuente de aquí en adelante porque siempre seguirá ayudándole a reprogramar su mente subconsciente.

Su MPP también será el responsable de cambiarlo y ayudarle a convertirse en un imán que logra todo lo que ambiciona, que tiene todo lo que desea y que atrae todas sus metas a su vida. Usted sigue teniendo la oportunidad de permanecer en donde está y continuar trabajando en todos lo que está involucrado en este momento, pero yo sé que está decidido a hacer lo que siempre ha soñado. Al leer este libro y llegar hasta este punto usted ya ha tomado la decisión trascendental de cambiar su vida. Ahora es cuestión suya entrar en acción.

Cualquiera es capaz de lograr sus metas. Cada persona tiene acceso a su mente subconsciente y cambiar su habilidad para atraer las cosas que considera importantes en su vida. De la misma manera que usted ha encontrado el camino para llegar hasta donde está *hoy*, puede volver a planear un nuevo camino hacia un futuro mejor para sí mismo y para todos sus seres queridos. Piense en nuevos comienzos. Si pone todo su panorama en conjunto y actúa en función de lo que quiere, las leyes del universo entrarán a ayudarlo y a hacer que las cosas pasen de maneras que usted nunca pensó posibles. Todo será más fácil de lo que imaginó.

Si lo decide, podrá comenzar poco a poco; sin embargo, es preferible actuar de una manera masiva y aprovechando el momento, tomando ventaja de su energía para construir, desarrollar y retroalimentar su plan. Necesitará voluntad para ganar, fortaleza para actuar y la convicción de que sus acciones generarán los cambios que desea. Eso es lo que su mensaje personal programado logrará por usted. Le ayudará a mantenerse enfocado en sus metas y en las tareas que debe realizar para llegar a ellas.

Sea honesto consigo mismo, no solo con respecto a cuál es su situación actual, sino en cuanto al nivel de progreso que está logrando. No se preocupe si enfrenta inconvenientes a lo largo del camino. Casi todo el mundo los enfrenta. Es cuestión de aprender de esos momentos difíciles y de entender que hay una sola manera de fallar: quedándose estático, sin deseos de avanzar ni cambiar su vida.

La cultura popular está llena de canciones e historias que nos proponen que, si nos caemos, necesitamos volver a levantarnos. Recuerde: si usted se pone en pie una vez más y sigue su marcha, siempre logrará sobreponerse, como dijo Calvin Coolidge en esa frase al final de su libro. Yo la he tenido en la pantalla de mi computador de escritorio durante muchos, pero muchos años. Avance, mantenga una visión del futuro y continúe programando su mente a diario. Tome siete minutos durante la mañana procurando estar bien relajado y siete minutos en la noche, antes de irse a la cama, y escuche con cuidado todas y cada una de las palabras que usted mismo eligió y grabó. Construya las imágenes y visiones del futuro que añora a medida que escucha su voz. Utilice su cartelera de imágenes de todo lo que quiere alcanzar y sienta la emoción que le ayudará a reprogramar su mente subconsciente y asegúrese de ir cambiando su MPP a medida que alcanza sus metas y sigue avanzando.

Es importante que piense en "qué sería lo peor que podría pasar" al elegir salirse de su zona de confort e ir en busca de un cambio. A lo mejor usted quiere conocer a una persona que parece interesarle. ¿Qué sería lo peor que podría pasar si elige acercarse a ella? ¿Qué sería lo peor que podría pasar si usted comienza un negocio a tiempo parcial desde su casa? ¿Qué sería lo peor?

En realidad, tendría muy poco que perder. De hecho, lo más probable es que gane bastante, así que asegúrese de tomar riesgos. Levántese y salga de su zona de confort, así sea un paso a la vez. Esto es un proceso. "Roma no fue construida en un día", como dice el dicho. Todo cambio requiere de una transición que no ocurre en un solo instante. A lo mejor usted logre un triunfo instantáneo, pero todo es parte de un proceso de cambio. Recuerde que para formar un nuevo hábito se requiere de un promedio de 21 días.

NOTAS APARTE

Es importante que continúe divirtiéndose y disfrutando de todo lo que la vida le brinda, tal como lo ha hecho hasta ahora. Esta transición de cambio hacia un nuevo y mejor futuro es importante, pero usted tiene que divertirse durante el proceso y hacer que valga la pena. Cada vez que tenga un momento de descanso, vaya a una obra de teatro, a un partido de fútbol o de su deporte favorito, disfrute de una caminata por el parque o por la playa. Procure buscar una actividad que le produzca mayor energía y ánimos.

Para progresar, usted necesita saber dónde está hoy. Tome fotos de los lugares que visita para que pueda entender en donde se encuentra en este momento. Disfrute a diario de lugares hermosos en su camino por la vida. Repase sus fotos y recuerde lo bien que se sentía cuando estaba en estos lugares. Ahora usted tiene un nuevo mapa que le ayudará a avanzar hacia otras metas, a cambiar su futuro y a hacer los cambios que necesita para llegar allá. Es importante que mida qué clase de progreso está haciendo. Ubíquese donde está, observe cuánto ha avanzado y cuantifique si está o no progresando.

Aprenda a ser un excelente comunicador, a hablar de una manera sucinta, a escribir bien. Estas habilidades le ayudarán bastante en todos los aspectos de su vida. A medida que usted articule todo lo que quiere lograr, su subconsciente lo alcanzará, siempre y cuando usted sea claro, conciso y preciso en lo que está buscando. La gente que sabe articular sus objetivos se destaca con respecto a la que no sabe cómo hacerlo. Usted puede elegir ser un comunicador excelente, o por lo menos mejor que lo que es en este momento. La habilidad de hablar frente a un grupo es un atributo excelente y le ayudará de muchas maneras y en diversas áreas.

Conviértase en la persona que quiere ser. En otras palabras, sea desde ahora esa persona. No lea esto sin tomar acción al respecto. Usted ya ha llegado lejos y sería muy fácil hacer toda esta lectura diciendo: "Yo ya sé todo esto. Lo había leído antes. Esta parte la conozco". Sin acción, sin poner a funcionar todo aquello de lo que hemos hablado a lo largo de esta lectura, no alcanzará lo que anhela. En este momento ya debería estar caminando hacia sus metas utilizando sus fortalezas. Ya debería estar desarrollando las tareas necesarias e ir camino a lograrlas. Debería estar construyendo el futuro que tanto imagina. Al implementar a diario y repetidamente las técnicas expuestas en este libro, transformando su mente subconsciente, usted comenzará a atraer todo lo que desea.

Siga estudiando. Continúe poniendo en práctica todas estas ideas y métodos. Continúe generando ideas. Sea persistente y disciplinado. Entrene su cerebro para que le produzca nuevas formas de hacer mejor lo que ha hecho siempre, para implementar mejor sus estrategias y poner en marcha sus planes. Prepárese para hacer todo lo que necesita. Levántese cada vez que caiga.

Con respecto a todo lo anterior, le contaré tres cortas anécdotas de personas que han perseverado hasta triunfar.

¿Sabía usted que Silvester Stallone fue rechazado muchas veces antes de lograr producir la película *Rocky*? ¿Sabía además que fue rechazado 1.500 veces antes de conseguir un agente que quisiera representarlo en la ciudad de Nueva York? Su vida ya era tan difícil como podía ser. Stallone nació con una condición física que le causó una parálisis en la parte izquierda inferior de su cara. A eso se debe esa expresión facial tan única y su inconfundible forma de hablar. Fue durante su aflicción, en esa época en donde enfrentó tantos obstáculos, cuando él venció a punto de persistencia. La primera vez que fue a la ciudad de Nueva York esperando convertirse en actor, fue rechazado en todos los lugares en los que estuvo. Nadie quiso contratarlo.

Llegó a un punto en su vida en el que le tocó dormir en la terminal de buses de New Jersey durante tres semanas porque estaba totalmente arruinado. Lo único que tenía era a su amado perro y le tocó vendérselo a un extraño para comprar comida. Se le rompió el corazón teniendo que recibir esos $25 dólares, y este fue probablemente uno de los puntos más bajos de su vida. La idea de la película de *Rocky* se le ocurrió un día que estaba viendo una pelea de boxeo de Muhammad Ali. Escribió el guion en tres días y encontró a alguien que estaba dispuesto a pagarle $125.000 dólares por el manuscrito, pero el comprador no quería que Stallone actuara en la película. Su confianza en sí mismo era tan fuerte que no aceptó la oferta a pesar de estar tan quebrado y en mala situación que se había visto forzado a vender su perro.

Después de unas semanas, la misma compañía le ofreció $325.000 dólares, pero no lo querían dejar actuar en la película. De nuevo, él se rehusó. Finalmente, llegó a un punto en que aceptó una oferta de $35.000 dólares porque la compañía le permitiría actuar en el papel principal. Cuando le pagaron, lo primero que hizo fue seguirle la pista a su amado compañero; ¡se gastó $15.000 dólares buscando a su perro y volviéndolo a comprar! Stallone terminó ganándose $200 millones de dólares con sus películas de Rocky, y el resto, como dicen por ahí, ya es historia.

Se dice que Oprah Winfrey cuenta con una fortuna aproximada de $3 billones de dólares, pero no fue así como comenzó la superestrella de Hollywood. Oprah nació en medio de la pobreza y fue víctima de violación a la edad de nueve años quedando embarazada a los 14, pero perdió su bebé cuando era todavía muy pequeño. Las cosas cambiaron cuando ella se fue a vivir con la persona a la que ella le llamaba su padre. Comenzó a asistir a la escuela todos los días y consiguió hacer un segmento de radio durante la escuela secundaria. A la edad de 19 trabajaba como conductora en un programa de noticias y de allí pasó a trabajar durante el día en un programa de entrevistas.

Esta y muchas otras historias demuestran que usted puede estar al frente de su vida y hacer cambios –grandes cambios– si de verdad quiere.

¿Y qué decir de John Travolta? En la década de 1990, Travolta estaba prácticamente olvidado como actor porque había sido estereotipado en papeles como el que hizo en la famosa película *Grease* (1978). Eso fue hasta que Quentin Tarantino lo llamó para que actuara en *Pulp Fiction* (1994). De ahí en adelante, el éxito de Travolta ha llegado a las nubes y miren donde está hoy en día.

De donde sea que usted venga y sean cuales sean las dificultades que haya tenido, usted también puede alcanzar grandes logros y ser exitoso. Los conceptos presentados en este libro le ofrecen una metodología muy completa de qué hacer y cómo hacerlo. Lea cada sección tantas veces como sea necesario con tal de adquirir estas estrategias y arraigarlas en su mente. Repase cada capítulo tanto como lo requiera para ayudarse a sobrepasar cualquier límite que usted haya tenido en el pasado y alcanzar un futuro ilimitado. Actuar para conseguirlo es cuestión suya. Usted es su único jefe. ¡Recuerde eso! Usted es el encargado de su propia vida. Usted es el que decide si va a tomar las decisiones necesarias para actuar. Para usar una expresión utilizada en el póquer, le sugiero que "apueste todo".

HAGA QUE SUCEDA... ¡Y QUE SUCEDA RÁPIDO!

Comience ya. Ponga en acción todo lo que ha aprendido y verá cómo triunfa. Le sugiero que consiga un mentor. Elija a alguien con quien se identifique, que ya sea exitoso y tenga experiencia en el área que a usted le interesa. Otra alternativa sería que encontrara a alguien que quisiera crecer y aprender a la par con usted.

Organice un grupo de apoyo constituido por personas que tengan experiencias o intereses similares a los suyos y que también quieran triunfar. Reúnanse semanal o mensualmente y compartan respecto a cómo van en cuanto al avance y cumplimiento de sus objetivos y metas. Discutan de qué manera están progresando unos y otros y disfruten de escuchar lo que cada uno tiene para contar.

Todos comenzarán a ver cómo sus vidas se transforman poco a poco y trabajando como grupo comenzarán a lograr muchas más metas. El apoyo que surge de ser parte de estos grupos es bastante provechoso. Tener un mentor o pertenecer a un grupo de apoyo puede reducir meses, e incluso años de esfuerzo innecesario en el cumplimiento de ciertas metas.

Esta última recomendación me parece bastante valiosa porque a veces alguna persona que pertenece al grupo formula las preguntas adecuadas que generen en usted una idea triunfadora que podría ser la que estaba necesitando para lograr su meta. A veces es algo tan sencillo como lo que afirma el dicho de que "dos cabezas piensan mejor que una" o que "un problema compartido es solo la mitad del problema". Una perspectiva distinta sobre determinada situación, o simplemente otro par de ojos, suele clarificar sus pensamientos y aclarar la ruta a seguir para continuar progresando. Hablar con otras personas suele ser de gran ayuda para todos los involucrados y para que cada uno alcance su propio éxito.

Espero que haya realizado todos los ejercicios que encontró a lo largo de estas páginas y que haya actuado en función de todo lo que aprendió. Si no lo ha hecho todavía, repase los ejercicios, ya mismo. Termínelos y construya su mensaje personalizado y programado de siete minutos. Son esos siete minutos los que cambiarán su vida. Vuelvo a decirle que yo ya he utilizado esta técnica y la conozco muy bien; por eso sé que funciona.

Lo ánimo a hacer todo lo que tenga que hacer para que le funcione a usted también. Usted tiene el poder para transformar su vida desde ahora y para siempre. Este no es un evento aislado así que continúe adquiriendo experiencia y acumulando éxitos a medida que crece y avanza. Asegúrese de ir actualizando su MPP de siete minutos de acuerdo a sus avances y a las metas que quiere lograr.

Para cerrar, le diré esto: arriésguese que este método funciona. Si no decide hacerlo, ¡es obvio que no le funcionará! Yo soy la prueba de que todas estas técnicas funcionan y sé que también les funcionan a muchos otros.

Le deseo toda clase de éxitos futuros y me encantaría escuchar sus historias de éxito. Como dicen por ahí: "Hoy es el primero del resto de sus días". Haga que este día sea en el cual usted decidió tomar la acción necesaria para cambiar su vida y programar su futuro en su mente subconsciente.

CÓMO ESCRIBIR SU MENSAJE PERSONALIZADO Y PROGRAMADO

El siguiente es un ejemplo del tipo de vocabulario que debería usar cuando este escribiendo su mensaje personalizado y programado de siete minutos.

Este borrador no dura siete minutos; tiene una duración aproximada de dos minutos y está hecho para que le sirvan como ejemplo solamente. Como verá, está escrito para evocar emociones en usted y en su mente subconsciente. Este ejemplo cubre cuatro áreas: trabajo, salud, relaciones y la formación de un nuevo negocio.

También debo agregar que, aunque este ejemplo hace referencia a conocer a alguien especial, usted también puede utilizar su MPP para que le ayude a construir y fortalecer su relación actual –de esa parte se encarga usted. El hecho es que, con este ejemplo de MPP, usted podría generar todos los que quiera y lo que desee lograr de aquí en adelante.

EJEMPLO DE UN MENSAJE PERSONALIZADO Y PROGRAMADO

Estoy feliz y saludable, y deseo vivir cada día de mi vida con entusiasmo. Cumplo todas mis metas y aspiraciones natural y fácilmente a medida que completo mis tareas diarias las cuales diseñé para atraer todo lo que deseo que haga parte de mi vida.

Estoy ganando un mínimo de $100.000 dólares en 2XXX haciendo un mínimo de una venta por semana. Disfruto haciendo 20 llamadas diarias en frío sabiendo que cada llamada me acerca a la venta que necesito y a alcanzar mi meta de ganarme un mínimo de $100.000 dólares este año.

Mis llamadas en frío y mi campaña publicitaria en línea me generarán dos oportunidades semanales para hacer mis presentaciones de ventas. Me encanta hacer estas presentaciones de la manera más profesional posible. Cierro efectivamente cada una de estas dos presentaciones y siempre recibo referidos de parte de mis clientes.

Estoy buscando una persona para compartir con ella mi vida. Es alta, atractiva, le gustan los retos y tiene una visión positiva de la vida. Esta persona se interesa por su salud y disfruta yendo al gimnasio y compartiendo conmigo las clases de spinning. Estoy abierto a encontrarla y le envío al universo la energía positiva que le haga saber que estoy abierto a encontrar a esa persona indicada.

Estoy en buena salud y estado físico. Disfruto yendo al gimnasio un mínimo de cuatro veces por semana. Mis dos horas de clase de spinning me hacen sentir energético al igual que mis otras dos horas de clases de gimnasia. Día a día incremento mi buen estado de salud de alguna manera y me siento cada vez mejor.

Mi negocio crece cada día más. Invierto un mínimo de 10 horas por semana en él. Entre más le cuento a la gente a lo que me dedico, mayor es el número de personas interesadas en hacer negocios conmigo. Para ganarme los $100.000 dólares al final del año XXXX, en el mes XX, estoy ganando un mínimo de $X.000 por mes.

Adicionalmente, tengo un carro nuevo (elija su carro) al final del 2XXX que mi negocio XYZ está pagando. Es de color negro metálico, con silletería de cuero negro, tiene sistema de navegación y full equipo. Ese carro huele delicioso y cada vez que lo veo, más deseo tenerlo.

_____

Usted podría aumentar los detalles de sus tareas, pero espero que estos ejemplos le sirvan de inspiración y le ayuden en el proceso que sigue.

EFECTOS DE LAS VARIABLES EN INVERSIONES COMPUESTAS

Tabla 3. El efecto de las distintas tasas de interés en una inversión inicial de $10.000 dólares haciendo una adición de $200 dólares al mes:

# de años	5%	6%	10%	11%	15%	20%
5	$14.941	$15.373	$17.262	$17.778	$20.044	$23.387
10	$32.833	$34.759	$44.017	$46.786	$60.172	$83.741
15	$55.794	$60.909	$88.039	$96.940	$144.728	$246.453
20	$85.262	$96.180	$160.467	$183.649	$322.906	$685.123
25	$123.079	$143.757	$279.635	$333.564	$698.359	$1.867.763
30	$171.603	$207.930	$475.702	$592.000	$1.489.505	$5.056.126
35	$233.899	$294.490	$798.294	$1.040.871	$3.156.594	$13.651.851
40	$313.834	$411.247	$1.329.057	$1.815.626	$6.669.492	$36.825.674

Tabla 4. Efecto de las distintas tasas de interés sobre una inversión inicial de $100 dólares con una adición de $100 dólares al mes:

# de años	5%	6%	10%	11%	15%	20%
5	$6.957	$7.147	$7.973	$8.198	$9.178	$10.w615
10	$15.758	$16.652	$20.926	$25.040	$29.310	$38.963
15	$27.052	$29.473	$42.238	$46.043	$68.622	$115.389
20	$41.546	$46.766	$77.303	$88.251	$153.567	$321.431
25	$60.147	$70.092	$134.995	$160.603	$332.562	$2.374.477
30	$84.019	$101.556	$150.397	$285.694	$1.504.511	$6.411.863
35	$114.656	$143.997	$386.092	$501.965	$1.504.511	$6.411.863
40	$153.974	$201.241	$643.048	$875.880	$3.179.246	$17.291.538

NOTAS FINALES

1. "Lottery win is retirement plan for 34% of poll respondents," CBC Business News, enero 30, 2014; se encuentra en http://www.cbc.ca/news/business/lottery-win-is-retirement-plan-for-34-of-poll-respondents-1.2517046.

2. Tim Bowler, "Financial Investment Success: How Much Luck is Needed?" BBC Business News, abril 30, 2014; se encuentra en http://www.bbc.com/news/business-27195861.

3. Ibid.

4. Alexandra Potter, Be Careful What You Wish For (Hodder, 2006).

5. Ver http://www.2knowmyself.com for various articles on this subject.

6. Jo Lewin, "10 foods to boost your brainpower," BBC Good Food; se encuentra en http://www. bbcgoodfood.com/howto/guide/10-foods-boost-your-brainpower.

7. Richard Wiseman, The Telegraph, enero 9, 2003; se encuentra en http://www.telegraph.co.uk/technology/3304496/Be-lucky-its-an-easy-skill-to-learn.Html

8. Lysann Damisch, Barbara Stoberock, y Thomas Mussweiler, "Keep Your Fingers Crossed! How Superstition Improves Performance" in Psychological Science, 21(7), pp 1014–1020 (Association for Psychological Science, 2010). Se encuentra en http://soco.uni-koeln.de/files/PsychS21_7.pdf

9. Michael Merzenich, Soft Wired: How the New Science of Brain Plasticity Can Change Your Life (Parnassus Publishing, 2013).

10. "The Law of Attraction – Ancient Egyptian Mirror Image Technique Discovery. Archeologist Reveals His Discovery Then Disappears!", octubre 23, 2010; se encuentra en http://masteryofself. wordpress.com/2010/10/23/thelaw-of-attraction-ancient-egyptian-mirror-image-technique-discovery.

11. Stuart Wilde, Little Money Bible: the Ten Laws of Abundance (Hay House,2001).

12. The Three Initiatives, The Kybalion: A Study of The Hermetic Philosophy of Ancient Egypt and Greece (Yogi Publication Society, 1908).

13. Elizabeth Landau, "The universe is expanding, but how quickly?" Abril 8, 2014, se encuentra en http://www.cnn.com/2014/04/08/tech/innovation/universe-expansion-astronomers/.

14. Bob Proctor, The Science of Getting Rich: Using The Secret Law of Attraction to Accumulate Wealth (Seminars on DVD, 2004).

15. Michael Masterson, The Pledge: Your Master Plan for an Abundant Life (Wiley, 2010).

16. Mark Csabai, "Emotions and Brain Waves,"; se encuentra en http://victoriousliving.co.za/emotions-and-brain-waves/#more-177.

17. R. Morgan Griffin, "Periodontal Disease and Heart Health: Brushing and Flossing may Actually Save Your Life," se encuentra en http://www.webmd.com/heart-disease/features/periodontal-disease-heart-health

18. Aaron Gouveia, "2013 Wasting Time at Work Survey,"; se encuentra en http://www.salary.com/2013-wasting-time-at-work-survey/slide/2.

19. Ibid.

20. UCMAS Mental Math School, "Left Brain vs Right Brain,"; se encuentra en http://www.uc-mas.ca/our-programs/whole-brain-development/left-brainvs-right-brain.

21. Wikipedia, "Visual Thinking,"; se encuentra en http://en.wikipedia.org/wiki/Visual_thinking.

"Nada en este mundo puede reemplazar a la persistencia.
El talento no puede porque no hay nada más común que la gente talentosa y fracasada.
La inteligencia tampoco, –porque los genios fracasados también abundan.
Tampoco la educación, –pues el mundo está lleno de gente educada que no alcanzó sus metas.
Solamente la persistencia y la determinación son omnipotentes.
La frase 'insista de nuevo' ha resuelto y siempre resolverá los problemas de la raza humana".

Calvin Coolidge

SOBRE EL AUTOR

Tony Neumeyer es un empresario profesional que ha alcanzado éxitos en numerosas áreas incluyendo la finca raíz, la nutrición, el mercado de valores y otras. También es el editor de *Amalga Trader Magazine*, una revista digital para comerciantes e inversionistas. La primera vez que Tony empleó las técnicas propuestas en este libro fue a comienzos de la década de 1990 para doblar sus ventas en un año en el campo de bienes raíces; los resultados que obtuvo lo convirtieron en uno de los mejores agentes de finca raíz en la costa norte de Vancouver; invirtiendo y especulando en el mercado volátil de la Bolsa de Valores. Tony decidió escribir este libro acerca de todas estas estrategias que él utilizó y que continúa utilizando para alcanzar nuevos éxitos, seguro de que quienes también elijan implementarlas podrán alcanzar el éxito que tanto añoran.